上手に「説明できる人」と「できない人」の習慣

The Power of Habits Can Change Your Life.

Tips to improve your explanation skills

MITSUSHIGE TSURUNO
鶴野充茂

「結局、何が言いたいの？」

と言われてしまう。

言いたい言葉がすぐに見つからず、
頭がこんがらがってしまう。

丁寧に伝えたつもりなのに、
まったく伝わっていない。

一生懸命説明しているのに、
相手はつまらなそう。

あなたはこのようなことで悩んでいませんか？
もし、説明下手で悩んでいるのなら、本書はお役に立てます！

実は、説明上手になるには、
話すセンスもテクニックも
難しいものは何も必要ないのです。

いや、むしろ生半可なテクニックを使わないほうが、
何倍も相手に伝わりやすくなるときがあります。

一例を見てみましょう。

話が少し長くなったときに、
その内容を簡潔にわかりやすくしようとして、
こんな言葉を使うことはありますか？

「要するに……」
「つまり……」

「簡単に言えば……」

あなたはもしかしたら、
こうした言葉を使うことで、
「自分の説明がよりわかりやすくなる」
と信じているかもしれません。

これらの言葉を使うことで、
話をまとめるのが正しいと学んできたかもしれません。

しかし、実際にはどうでしょうか？

相手の表情がどこか曖昧になったり、
「そうですねぇ……」
と歯切れの悪い返事が返ってきたり、
反応がいま一つということはありませんか？

実は、こうした言葉は説明を「わかりやすくする」どころか、
むしろ相手の理解を妨げている可能性があるのです。

なぜなら、「要するに」と言った瞬間、
あなたは無意識のうちに相手が何に興味を持ち、
どのように理解をする人なのかを無視して、
自分の解釈だけを押し付けようとしている可能性が高いからです。

「つまり」と言うことで、
複雑な内容を単純化しすぎてしまい、
重要なニュアンスを削ぎ落しているのかもしれません。

「簡単に言えば」と前置きをすることで、
実は難しい内容を安易に伝えようとして、
かえって混乱を招いているかもしれないのです。

本書は、知らず知らずのうちに
このような「説明下手」な表現を
使っている人たちに向けて書きました。

本書は各章で、巷にあふれている説明下手の具体例と、それをほんの少し意識するだけで劇的に改善する説明上手の伝え方の例を対比しながら紹介しています。

たとえば、「要するに」の代わりに「**ここで大切なポイントは……**」と言い換えるだけで、相手の注意を重要な点に向けさせることができます。

「つまり」の代わりに「**これを別の角度から見ると……**」と言うことで、多面的な理解を促すことができるでしょう。

「簡単に言えば」の代わりに「**具体例をあげると……**」と言うことで、抽象的な概念をわかりやすく伝えることができます。

説明上手な人たちは、少し違った言い方をする、だけではありません。

もし、リモート会議などでとても離れた場所にいる人とやりとりをする機会があれば、試してみてください。

こんな言葉を投げかけてみると、相手が説明上手か説明下手かがはっきりとわかります。

「そちらは暑いですか？」

何気なくこんな言葉を投げかけたとき、

「最近は、そうでもないですよ。」

と答えるのは、説明下手な人です。

これに対して説明上手な人は、こんなふうに返します。

「朝夕は20度前後、日中も25、26度でここ数日安定しているので、過ごしやすいですよ。」

この違いがわかるでしょうか？

「そうでもない」というのは、この場合、おそらく前日との比較での感覚でしょう。

ここで注意したいのは、質問をしている人（あなた）は「そちらの情報を持っていないこと」が前提で、質問をしているということです。

「そうでもない」という感覚で答えて、イメージが湧くでしょうか。

仮に、質問した人が現地のそちらに行ったとしても、「そうでもない」と感じるかはわかりません。


一方、説明上手な人は、聞き手がイメージできるように、最近の当地の気温を提供した上で感覚を伝えているので、「それはそうかもしれないな」と思えるような返答になっています。

また、「そちらは暑いですか？」という質問は、そもそも「こちらとそちらでは大きく温度が違う」のではないか、あるいは「暑さへの興味」があって聞くものです。

そうした**質問者が持つ期待を想像しながら答えられるか**の違いが、ここに表れているのです。

もちろんこの質問自体は、そこまで機微な情報のやりとりではありませんので、答え方による影響は少ないかもしれません。ただ、人の説明力には明確に差があるということは、はっきり感じ取れると思います。

説明上手は、相手をよく意識した伝え方をします。**使う表現の背景に、その場、その相手に合わせた言葉選びがある**のです。

本書を読み進めるうちに、あなた自身がそんな発想を身につけて説明上手になっていくはずです。相手の反応が変わり、積極的な反応が得られるようになるでしょう。

あなたが「説明上手」な人として、これまで以上に活躍の機会が増えていくことを願っています。

鶴野 充茂

第1章 難しく考えずにシンプルに伝える編

この章でのPOINT
上手に説明できる人は、シンプルで身近な表現を使う。

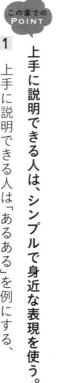

第2章 モヤモヤを言語化するメソッドはこれだ編

この章でのPOINT

①視点を増やす
②感情を抑える
③相手を変えていく

第3章 黙って聞き続けるのはしんどい編

第4章 回りくどいのはお互いにストレス編

この章でのPOINT

上手に説明できる人は、中心にこだわる。

130

第5章 「で、何が言いたいの？」と言われません編

この章でのPOINT

上手に説明できる人は、相手が求めている情報を優先する。

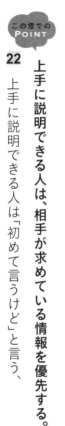

第6章 面倒な人だと思わせない編

この章でのPOINT

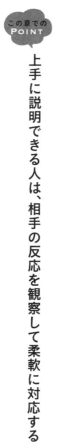

ブックデザイン：菊池　祐

第 1 章

難しく考えずに
シンプルに
伝える編

この章でのPOINT

上手に説明できる人は、シンプルで身近な表現を使う。

まず、第1章でお伝えしたいことは、**多くの人が無意識のうちに自分本意の伝え方をしているということです。**なぜそうなってしまうのかを解き明かし、相手にとって最もわかりやすい方法で情報を伝える方法を学んでいくことからはじめましょう。

この章で
最も大事な考え方は、
「シンプルで身近な表現を使う」
ということです。

よくある説明下手と、第1章で目指す説明上手の例を見てみましょう。

若手社員の田中さんが、部長に新しい販売戦略を提案する場面を想像してください。田中さんは緊張しながら、こう話し始めます。

「私たちの新しい販売戦略では、顧客満足度の向上と売上増加を同時に実現します。具体的には、既存顧客へのアプローチを強化し、購買頻度を上げることで、顧客単価の最大化を図ります。また、デジタルマーケティングを活用し、顧客のニーズに合わせたパーソナライズされた提案を行うことで、競合他社との差別化を図ります。」

部長は少し困惑した表情で、「具体的に何をするのか、もう少しわかりやすく説明してくれないか？」と尋ねます。

どう言えばいいのかと言葉に詰まっていると、横で聞いていた先輩社員の栗原さんが、口を出してきました。

「私たちが目指すのは、お客様により喜んでいただきながら、会社の売上も増やすこと。

たとえば、パソコンを買ってくださったお客様に、3カ月後にフォローの電話をして、使い方の相談に乗ったり、新しいソフトウェアをご紹介したりします。また、お客様の買い物履歴を参考に、その方が興味を持ちそうな商品をメールでお知らせします。これらの取り組みで、お客様に『この会社は私のことを考えてくれている』と感じていただき、次も当社で買い物をしたいと思ってもらえるようにします。つまり、こういうこと?」

部長はうなずいて、「なるほど、確かにそういうことができるといいねえ。それで、どのくらいの効果を見込んでいるんだ?」と、前向きな反応を示します。第1章で目指すのがこの先輩社員のような説明ができるようになることです。

さて、ここで問題は、若手社員の田中さんがなぜこのような表現を使ってしまうのかということです。

田中さんは、ビジネス書や会議の場でやりとりされている話し方を真似ることで、無意識のうちに自分は「できる人物なんだ」という印象を与えようとしていました。

また、抽象的な表現を使うことで、詳細を語らずとも話を前に進められるのではないかという気持ちが出てしまいました。

いや、そこまでの極端な言い方はしない、と思われる方もいるかもしれません。しかし、自分の癖のある説明の仕方に、実際のところ本人はなかなか気づかないものです。

説明上手な先輩社員の栗原さんのように話せるようになるには、いくつかのステップがあります。

まず、相手の立場に立って考えること。次に、専門用語を使わずに、身近な例を探して説明すること。そして、具体的なイメージを喚起するような表現を心がけることです。

このアプローチを意識することで、相手に「頭が良さそう」と思わせることよりも、効果的に確実に情報を伝え、相手の理解を深めることができます。結果として、相手との信頼関係を築き、より効果的なコミュニケーションが実現できるのです。

この1章では、やってしまいがちな例をスタートラインにしながら、どのように伝え方を変えて行けば、より伝わりやすくなるのかを順番に見ていきます。

01 上手に説明できる人は「あるある」を例にする、できない人は有名人を例にする。

自分の気持ちを伝えるとき、有名人を例にあげてその人が体験した時の様子を使って表現する人が少なくありません。

しかし、ここに伝達ミスの落とし穴が潜んでいるのです。

たとえば、大事なプレゼンが目前に迫ってきた様子をこう伝えたとします。

×

「大谷翔平が初めてメジャーリーグの試合に出場する時のような緊張感ですよ……」

伝えた本人としては、大谷選手がメジャーリーグの舞台に立つために、小さい頃からプライベートの時間をすべて練習にあてるほどの努力をしてきた様子をありありとイメージしています。おそらく、「こんなにも今回のプレゼンに対して、努力をしてきたんだ!」

という思いをわかってもらいたいから、大谷選手を例にあげたのでしょう。

しかし、話を聞いている相手が必ずしも大谷選手に関心を持っているわけではありません。大谷選手のことを知ってはいるものの、大谷選手に対して特別な思い入れがなく、メジャーリーグに挑戦するまでの過程など、想像すらできないという人も多いでしょう。人によって思い入れには大きな差があります。

また、特定の芸能人やスポーツ選手に関しては、人によって好き嫌いが分かれやすいということも見逃してはなりません。あまり関心のない人のことを例にとってあげられても、鮮明にイメージすることはまず不可能ですし、人によってはストレスに感じることもあるでしょう。

説明が下手な人はわかりやすいと思って**有名人の名前を出したことが、かえって相手を困らせる**結果になっていることに気づかないのです。

一方、説明が上手な人は**誰にでも体験したことがありそうなものか、イメージしやすいものを例に使います。**

たとえば、先ほどの例をあげると、次のような感じです。

「初めての面接で、自分の名前を言うときに噛んでしまいそうな緊張感ですよ……」

今までの人生の中で、面接をしてこなかったという人は、ほとんどいないのではないでしょうか？

特に初めての面接は、緊張のあまり、普段の自分を出せなかった人も多いでしょう。緊張したことがないという人でも、実際に面接の場で他の人が緊張している様子を見たことがあるかと思います。

多くの人が人生の中で一度は経験したこと、つまり「あるあるネタ」を例に使うと、鮮明に想像してくれるでしょう。好き嫌いなどの感情が入ることもまずありません。

「宇宙飛行士の野口聡一さんが地球に無事帰還した時のような安堵感だろう」というのは、相手が野口さんについての情報を詳しく知っていないと通じません。

一方で、「ゲリラ豪雨に見舞われたとき、折りたたみ傘がカバンの中に入っていたことに気づいて、ホッとする感じだよ」というのはいかがでしょう。

「あるある」「わかる！」と感じ、どのくらい安心したのかを共感してくれるでしょう。「あの時は置き傘していて、助かったよな」と場合によっては、個人的なエピソードを思い出してくれるかもしれません。少なくとも状況をイメージすることができるので、聞き手にストレスを与えずに共有できるはずです。

また、この「あるあるネタ」はビジネスシーンや日常会話だけではなく、漫才やコントなどのお笑いでもよく使われています。つい日常でやりがちなものの、冷静に考えたらおかしな行動などを「あるあるネタ」にして、笑いをとっている様子をよく見ます。「つい、そうしてしまうんだよね」「なんかそんな人、見たことがある」など、ありありとイメージができるところが面白さ、そして伝える上での便利さの秘訣でもあるのです。

説明上手になるためにも、日頃から「あるあるネタ」を収集していきましょう。

01 説明上手な人は、聞き手がイメージしやすい「あるある」をうまく会話に生かす。

02 上手に説明できる人はことわざを使う、できない人はカタカナを使う。

「今日のミーティングのアジェンダをまとめてくれた？」

「いえ、まだです。少々お待ちください。」

部下は、質問をすることなく、その日の朝に行われたミーティングの議事録を、皆に誤解が出ないよう丁寧にまとめて上司に提出しました。

ところが、「これはアジェンダじゃない」と上司から一喝。

部下はなぜ上司に叱られたのかがわからず、ただ呆然とするだけです。

あなたの職場でこういった伝達ミスが起こることはありませんか？

アジェンダは本来、「議題」という意味で、「議事録」のことでも「予定」「スケジュール」のことでもありません。

つまり、上司はそもそもすでに終わった朝のミーティングのことを言いたいわけではなく、これから後に予定されているミーティングが円滑に進むために、そのミーティングの「議題」をいくつかまとめておいてくれと言いたかったのです。

こういったカタカナ言葉は、学校教育で教えてもらえるものではありません。多くの人は、辞書で調べたわけでもなく、なんとなく「こういう意味だろう」と捉えていることかと思います。

説明が下手な人は、**カタカナ語は厳密な意味を伝えにくい**面があると知らず、**相手がそのカタカナ語を誤解していることに気付きません。**

その結果、「伝わらなかった」という余計なストレスを抱えることになるのです。

・「クレーム」という言葉は、本来「不満や苦情を申し立てること」という意味だが、顧客からの要望や問い合わせのことを「クレーム」と表現している人もいる

・「コンセンサス」という言葉は、関係者間で意見が一致すること、合意のことを言うが、多数決や多数派の意見を「コンセンサス」と認識している人もいる

・「リスク」という言葉は、本来の「危険性」「不確実性」ではなく、「問題」や「課題」という意味で捉えている人もいる

「クレーム」など、簡単なカタカナ言葉だから相手もわかるだろうと思っていても、実際は誤解している可能性がゼロではありません。

そこで、説明上手になるには、**なるべくカタカナ語を避けて、「ことわざ」をうまく使いましょう。**「ことわざですか？」と驚くかもしれませんが、効果は絶大です。

×

「このプロジェクトは、スケーラビリティとサステナビリティを考慮に入れる必要があります。」

↓

○

「このプロジェクトは、**先を見据えて、継続的に発展できる**ようにしなければなりません。**急がば回れ**、です。」

×

「チームメンバー間のコミュニケーションとコラボレーションを促進するために、定期的なタッチポイントを設けましょう。」

↓

○

「チームメンバー同士の**意思疎通**と**協力**を深めるために、定期的に**顔を合わせる機会**を作りましょう。**三人寄れば文殊の知恵**、と言いますから。」

確かに、カタカナ語ならば端的にイメージが伝わりやすいと思うかもしれませんが、そのカタカナ語を相手も同じようなイメージで理解しているかはわかりません。

一方、ことわざは、慣用句でありつつ、その前後に別の表現が来やすいため、受け取る側も前後の文脈から意味を確認しやすい面があります。長く残る言葉には理由があるのです。

自分が思っていることを正確に伝えることに注意を払いましょう。

02 上手に説明できる人は、相手に誤解されないよう、カタカナ語の使用を極力避ける

03 上手に説明できる人は現状から入る、できない人は言い訳から入る。

あなたは新入社員で、始業の時間から30分遅れて、会社に到着したとします。
「なぜ、遅刻したんだ」と上司に問われたとき、どのように説明するでしょうか？
「実は今日、目覚ましが鳴らなかったんです。それで、家に出るのが遅くなり……申し訳ありません、遅刻してしまいました。」

もし、このように言い訳を伝えようと考えるとしたら、説明が下手と思われる可能性が高いので、違う言い方を考えることをオススメします。

上司からすれば、もちろん言い訳を聞きたいわけではありません。聞きたくもない話を聞かされるのはストレスしかなく、うんざりされる可能性があります。

この場合、上司が聞きたいのは「遅刻の理由」と「**今後遅刻しないための改善案**」ではないでしょうか。

したがって、

「申し訳ありません、今日は家を出遅れて遅刻してしまいました。**今後は余裕を持って行動し、遅刻のないようにいたします。**」

このように、端的に相手が聞きたいことをまとめて報告することが適切です。

仕事をしていると、何かやむなき事情で進捗が滞ることがあります。上司に仕事の進捗が遅れていることを伝えるとき、つい、言い訳をして自分をかばいたくなる気持ちもわからないでもありません。

しかし、**言い訳は相手が聞きたい情報ではない**のです。

説明が下手な人は、仕事の進捗がなぜ遅れているかを延々と説明して、無意識のうちに相手をイライラとさせてしまいます。

一方、説明上手な人は、相手が何を聞きたいかに意識を向けて、相手が聞きたい情報から話します。

相手が聞きたい情報とは、間違いなく「結論」です。相手は、結論を待たされている時間は無駄だと考えています。仕事の進捗が遅れているのなら、遅れている現状をまず説明するといいでしょう。

説明上手な人は、仕事の進捗報告として「**今、どんな状況なのか**」から話を始めます。聞き手がどんな反応をするかもわかっていますから、その流れで、そうした状況になっている「**理由**」と、この後どうするかという「**対応策**」を語ります。

あくまで説明を受けた聞き手が**次の手を判断できるよう、材料を提供する**ことを心がけているのです。

✕

たとえば、任されたプロジェクトに自信がないとしましょう。

Aさん「このプロジェクト、私にはあまり経験がないんです。だから、完璧にはできないかもしれません。でも、頑張ります。」

このように説明してしまうと、聞き手に「経験がないから完璧にできないと言い訳をしているんだな」と思われかねません。

一方、次のように説明するとどうでしょう。

○

Bさん「このプロジェクトに取り組むにあたり、**まだ経験が浅い部分もありますが、しっかりと調査・研究を行い、最善を尽くしてまいります。ご指導のほど、よろしくお願いいたします。**」

経験がないことを伝えつつも、調査と研究をすることと指導してもらいたいという「対応策」を伝えています。プロジェクトを任せる人としてもAさんよりもBさんのほうが、やりとりがスムーズに運びそうだと感じるのではないでしょうか。

聞き手が何を聞こうとしているのか、まずはそこに集中して説明をしましょう。

03　説明上手な人は、相手にとって言い訳を聞いている時間は無駄な時間だととらえている。

04 上手に説明できる人は遠くの人と話し、できない人は同じ人と話す。

会社勤めをしている人は、毎日のように顔を合わせる同じ職場の人や同じ業界の人など、共通の知識や話題が多い環境でコミュニケーションをとっていることが多いかもしれません。それ自体は悪いことではなく、むしろ自然なことかと思われます。

しかし、そのような環境に慣れてしまうと、いざ「似たような境遇や環境」ではない人たちを相手に説明をする場合に、うまく伝わらないことが往々にしてあります。

というのも、私たちが想像している以上に、私たちが属しているグループとそうではないグループとでは、常識も使っている表現も違うものだからです。

その業界で使われている言葉や常識を、そのままいつものように業界外の相手に伝えてしまうと、理解ができない可能性があることを知っておきましょう。

仮に、あなたが新商品をお客様に売る営業パーソンとしましょう。

×

「この製品は、ナノテクノロジーを活用した革新的な素材で、耐久性と軽量性を両立させています。」

業界外のお客様にとってみれば、ナノテクノロジーが何なのか、なぜ革新的なのかもわからない可能性があります。なんとなくいい素材なのかなとは考えてくれるかもしれませんが、その意味まで理解してもらえるかは期待できません。当然、「買いたい」と思ってもらうのはハードルが高いでしょう。

一方、説明上手な人は、業界外のお客様にこのように説明するのではないでしょうか。

○

「この製品は、**目に見えないくらい小さな粒子を使った新しい材料**でできています。**そのおかげで、とても丈夫なのに軽い**という、普通なら両立が難しい特長を持っています。たとえば、重さは従来の製品の半分なのに、寿命は2倍以上あります。」

ナノテクノロジーを「目に見えないくらい小さな粒子を使った新しい材料でできているもの」と言い換え、なぜ革新的なのかを「そのおかげで」以降で説明しています。

このように説明するのなら理解できる人も多いですし、中には「買いたい」と思ってくれる人も出てくるかもしれません。

説明上手な人は、**相手がどんなに異なる背景を持っていたとしても、誤解なくわかる**ように意識して伝えます。

とはいえ、あらゆる人たちに伝わるように話すのは、すぐにできるものでもありません。そこで、ちょっとした習慣を紹介しましょう。

日頃から**幅広く人と交流する機会を意識して持つ**ことです。

たとえば、趣味の活動や習いごと、地域の祭りやイベントに参加したり、コワーキングスペースやジムで知り合った人とやりとりしたりする。子育て中なら保育園の保護者同士のつながり、よく行く飲み屋の常連客など仕事以外の付き合いが生まれるきっかけは意識すればあちこちにあります。そういうところでコミュニケーションしてみるのはどうでしょう。

自ら異なる境遇や環境の人たちとコミュニケーションをとる機会を作ると、どのように伝えればいいのかと自ずと意識するようになります。**専門用語を一般的な言葉にいかに言い換えるのか**を考えるようになりますし、**複雑な概念を簡単な比喩やたとえで表現**するようになるでしょう。

そして、実際に説明して、聞き手の反応をよく見て、理解度に応じて説明を調整するようになるでしょう。

説明上手な人は、「当たり前、常識だと思っていたこと」が通じない相手と話す機会を増やせば、説明の力が鍛えられるということを知っています。

「通じない」経験が、結果として伝え方の工夫を考える機会につながるということです。

04 説明上手な人は、自分の活動の枠を広げることで説明上手になれると知っている

05 上手に説明できる人は自分たちの話をする、できない人は自分の話をする。

テレフォンショッピングで紹介されている商品がほしくなった経験、ありませんか？

長崎県佐世保市に本社を持つジャパネットたかた（ジャパネットホールディングス）は、今や年間２０００億円を優に超える売上高を記録しています。

それだけ多くの人がテレフォンショッピングを視聴し、商品を魅力的に感じ、購入に至るのでしょう。

テレフォンショッピングは、その商品の機能をただ紹介しているわけではありません。聞き手が商品を購入したくなる、つまり行動を喚起する説明をしているのです。

まず、説明下手な人の典型をあげておきましょう。説明下手な人の多くは、自分の話をするだけで、相手の関心を刺激する意識が非常に薄いのです。

もちろん、前提として常に相手の関心を引く必要はないかもしれません。

しかし、自分だけの話をするのか、相手にも何か参考にしてもらえるように話を少しでも展開できるのか、つまり、一緒に話をする時間がお互いにとっていい時間になるように意識しているのかではとても大きな差があります。

✕

たとえば、仕事の同僚からこう言われたとします。

「節約のために、お弁当を作って持って来てるんですよ。3週間続けています！」

これだと「そうなんだ。えらいね」などと返すものの、自分自身に特に問題意識でもなければ、さらにその話に関心を持って聞いてみようとは思えないでしょう。

なぜなら、聞き手を意識した説明をしていないからです。

○

では、同僚がこう言ってきたら、どうでしょうか。

「私はお弁当を持参しています。はじめは食費の節約くらいのつもりでしたが、同じように弁当を持ってくる人たちと顔なじみになって話すようになり、意気投合して一緒にイベントに行く人もできたんですよ。」

こう言われると、一般的な「食費の節約」以外の可能性について想像を始めるかもしれません。

弁当を持参するかどうかだけでなく、何か新しい行動を取り入れることによる予期せぬ発見や出会いにワクワクしたり、自分も何かやってみようと刺激を受ける人もいるかもしれません。

説明上手な人は、たとえ自分自身の話であっても、このように**聞き手の関心を刺激したり、行動を促したりする説明**の仕方をするのです。

先ほど例をあげたジャパネットたかたには、有名なエピソードがあります。かつては会議の録音に使うことが多かったボイスレコーダーを、こんなふうに説明したそうです。

「このスイッチを押せば録音できるので、メモをとる必要がありません。夫婦共働きで両親ともに家にいないとき、**お子さんが帰ってお母さんの音声メモを聞いたら、お子さんは安心するのではないでしょうか。**」

この提案の仕方でボイスレコーダーは家庭用として飛ぶように売れたそうです。

説明下手な人はつい、商品を売りたいがために、たくさんある機能について事細かく説明しようとします。しかし、そのような商品説明を聞かされても、自分ごととして捉えてくれる人はごくわずかでしょう。

一方で、このボイスレコーダーの提案を聞いて、「その使い方をしてみたい」と思う夫婦が多かった。それが結果につながったと考えられます。

説明が上手い人はこのように、**多くの人が気付きを得たり刺激を受けたりして、行動するような伝え方**をします。単なる「自分の話」なのか、相手を意識した「自分たちの話」になっているかが大きな差になっているのです。

そのためには、説明する前に、**聞き手にどのように伝えれば動いてくれるのかを考える**ことから始めましょう。

05 説明上手な人は、「自分たち」を意識して、相手を動かすことができる。

第1章

まとめ

□シンプルに伝えるには、みんなが体験したことのある「あるある」と、他の言葉と組み合わせて伝える「ことわざ」を活用する。

□言い訳よりも、現状から始める。

□様々な人と話すことを習慣にし、話をすることがお互いに良い時間になるように、意識していくようにしましょう。

第2章

モヤモヤを言語化するメソッドはこれだ編

この章での
POINT

上手に説明できる人は、
クリアな部分から話し始める。

この章では、説明上手になるために必要な「自分の考えを整理し、明確に表現する」スキルの重要性を学びます。頭の中のモヤモヤとした思考を、相手に伝わりやすい言葉に変換することが鍵となります。

この章で最も大事な考え方は、

「クリアな部分から話し始める」

ということです。

よくある説明下手と第2章で目指す説明上手の例を見てみましょう。

新任プロジェクトリーダーの山田さんが、チームメンバーに新しい企画について説明する場面を想像してください。山田さんは少し迷いながら、こう話し始めます。

「えーと、この新企画なんですけど、いろいろ考えていて……。まだ細かいところは決まってないんですが、大体のイメージはあって……。でも、予算とかスケジュールとかもはっきりしてなくて……。ただ、なんとなくこういう方向性かなって……」

チームメンバーは困惑した表情で、「具体的に何をすればいいのか、もう少しはっきり教えてもらえませんか？」と尋ねます。

山田さんは、メンバーの反応を見て自分の説明の仕方を変えていく必要があると考えます。そしてまず、自分の伝えようとする内容を予め整理するようにしました。そしてしばらく試行錯誤するうちに、次のような説明ができるようになったのです。

「今回の新企画の目的は、顧客満足度を20％向上させることです。まず確定している点から説明します。1つ目は、顧客アンケートを実施すること。2つ目は、カスタマーサポートの応答時間を現在の半分にすること。この2点は既に経営陣の承認を得ています。

未確定な部分としては、具体的な予算とスケジュールがあります。これらについては来週の会議で決定する予定です。皆さんには、アンケートの質問項目と、サポート体制の改善案を考えていただきたいと思います。」

チームメンバーはうなずいて、「わかりました。」「1つ1つやっていきましょう。」と前向きな反応を示しました。

さて、山田さんが当初なぜモヤモヤとした説明をしてしまっていたのかということを考えてみます。

山田さんは、アイデアが完全に固まっていないことに不安を感じながら、その気持ちを言葉にそのまま出してしまいました。また、チームメンバーの反応を見ながら話を進めようとするあまり、自分の考えを十分に整理できていませんでした。

そんな状態で話をされると、聞く側は何が言いたいのかよくわからないばかりか、無駄な時間に付き合わされているように感じてイライラし始める人も出てくるかもしれません。少しでもクリアに言語化して伝えることは、自分だけでなくみんなの生産性や気持ちの上でもプラスになるのです。

そんな言語化が得意な説明上手になるには、いくつかのステップがあります。

まず、**確定している情報と未確定の情報を明確に区別する**こと。

次に、**最も重要で明らかな情報から話し始める**こと。

そして、**相手が具体的に何をすべきかを明確に伝える**ことです。つまり、**自分のモヤモヤした気持ちを伝えるのは後回しにする**のです。

これを体得していくことで、自分の頭の中が整理され、相手に明確な情報と行動指針を提供することができます。

結果として、伝える相手の効率的な動きを促し、プロジェクトの成功につながるのです。

この2章では、やってしまいがちなモヤモヤとした説明をスタートラインにしながら、どのように思考を整理し、クリアな説明に変えていけば良いのかを順番に見ていきます。

この章での
POINT

上手に説明できる人は、共有できる形にして話す。

「モヤモヤする」「違和感がある」「納得できない」「スッキリしない」……。

これらは、言語化が下手な人がよく使う表現です。さらに踏み込んで言えば、伝える準備ができていないのに、話し始める人が使う表現です。

話す準備ができていないのに、その状態で何かを言おうとするから、言葉にならないのです。

「モヤモヤする」「違和感がある」「納得できない」「スッキリしない」といった表現で相手に伝えているのは、中身ではなく、単なるあなたの感情にすぎません。

そうした言葉によって不満や苛立ち、怒りの感情を伝えることはできても、相手がそこにある問題を一緒に解決しようという意欲を持たなければ、言葉をぶつけて終わりになってしまいます。

もちろん、感情を吐き出すこと自体に意味があるときもありますし、言葉にならないことが悪いということではありません。ここでは、少し工夫するだけで、どんな人でも自分の言葉で伝えることができる、ということを知ってもらいたいのです。

ポイントとなる原則は、**慌てて話し始めない**ということ。そして、**共有できる形にして話す**ということ。

この「共有できる形にして話す」ことができれば、今後あなたはコミュニケーションの多くのストレスから一気に解放されるはずです。それくらい効果が絶大なのです。

とはいっても、決して難しいことではありません。

本書では次の5つのアプローチでまとめています。次のわずか5つです。

① 視点を増やす
② 感情を抑える

③相手を変えていく
④俯瞰する
⑤相手に合う形を取り入れる

それぞれ順に見ていくことにしましょう。

①視点を増やす

どこから見るかによって、同じものでも違って見えます。いろいろな見方を覚えて、そこからの見え方を伝えられるようになると、捉え方に幅ができて、冷静に状況を説明できるようになります。

具体的には、自分からの見方だけでなく、**相手側から見る**、自分がしゃべっている様子を**横から見る**、時間の流れをイメージして**未来から見る**、全く関係のない**第三者から見る**、といった視点が考えられます。

一体どういうことを言っているのか、例を示してみたいと思います。新入社員の田中さんが、先輩社員の鈴木さんに対して不満を感じている状況を考えてみましょう。

自分の視点：
「鈴木さんは私の質問にいつも冷たく答える。仕事を教えてくれない。」
相手の視点：
「新人の田中さんは基本的なこともわからないのに、すぐに質問してくる。自分で考える努力が足りない。」
横から見る視点：
「2人のコミュニケーションにずれがあり、お互いの期待が一致していない。」
未来からの視点：
「この経験が、将来の田中さんが後輩を指導する際の糧になるかもしれない。」
第三者の視点：
「新人と先輩のコミュニケーションの問題は、多くの職場で見られる一般的な課題だ。」

こうした視点を組み合わせることで、次のような説明ができます。
「鈴木さんとのコミュニケーションに課題があり、お互いの期待にずれがあるようです。これは多くの職場でよくある問題で、この経験を通じて自分自身も成長できる機会かもしれません。」

このように視点を意識すれば、より客観的で建設的な表現が考えられるようになるでしょう。

②感情を抑える

相手に感情をぶつけてしまって失敗したこと、ありませんか?

どんな人でも一度や二度くらいなら、そんな経験があるかと思います。感情に任せて、説明しても相手にまず伝わりません。

そこで、感情を抑えて冷静になる習慣を教えます。

まず感情の高ぶりを受け入れ、頭の中を整理し、注目した事実を箇条書きにして捉えるようにします。強い感情があるものほど、それを抑えて伝えることで、実は逆により説得力が出ます。

例をもとに考えてみたいと思います。

◇例：課長から厳しい叱責を受けた場合

説明下手な人は、感情的な反応にとらわれてしまいます。

「課長は私を理解していない！　不当な扱いだ！」

これでは、感情に任せて怒っているだけで、相手は話を聞いてくれなくなります。

そこで、抑制的な表現を考えていきます。

ア）上司から指摘を受けた具体的な内容
イ）その指摘に至った経緯や背景
ウ）自分の行動や結果の客観的な事実
エ）今後の改善点や対策

これらを整理して冷静な表現で説明していきます。

「今回のプロジェクトで期限を守れなかったことについて、課長から指摘を受けました。確かに私の進捗管理が不十分だった点は反省しています。今後は週次の報告を徹底し、問題が発生した際は早めに相談するようにします。」

③相手を変えていく

相手によって同じことを説明するのに、その説明の仕方は変わって当然です。

たとえば、あなたが抱えている仕事の悩みを話すときに、次の人にはどう説明しますか。

・同僚を相手にする場合
・上司を相手にする場合
・家族を相手にする場合
・久しぶりに会った学生時代の友人にする場合
・仕事もプライベートも何の接点もなさそうなたまたま会話することになった飲み屋で出会った人に話す場合

この相手には、どのように伝えれば、自分の悩みがイメージできるのか、そのために前提となる情報をそれぞれ変えて話すはずです。何が起きたのかという事実を伝えるだけでも、どんな事前情報や前提条件があるのかを捉え直すことで、物事の見え方が変わって来るでしょう。

同じことを説明するのに、説明の仕方は相手によって変わります。つまり、相手を変えることで、同じものの見え方が変わるということなのです。

これも例をあげてみましょう。

◇例：仕事の締め切りに間に合わなかった状況を説明する場合。

同僚への説明：

「データの集計に予想以上に時間がかかってしまって……。君も同じような経験あるよね？」

上司への説明：

「予定していた工程に遅れが生じ、納期に間に合いませんでした。いろいろ読み間違えたところがあり、反省しています。どうすれば良かったのか、まだいい考えが浮かばずで、アドバイスいただければ嬉しいです。」

家族への説明：

「今週は仕事で大きな山場があって、夜遅くまで頑張ってたんだ。でも結局間に合わなくて……。途中までは順調だったんだけどなあ。」

学生時代の友人への説明：

「久しぶり！　最近仕事で大変なプロジェクトがあってね。締め切りに追われる毎日さ。学生時代のレポート提出と似てるけど、責任重大だよ。」

飲み屋で偶然出会った見知らぬ人への説明：

「はは、実は今日、仕事で大きな山場だったんですよ。サラリーマンあるあるかもしれませんが、重要な締め切りがあって。結局間に合わなくて……ここに来ちゃいました（苦笑）。ＩＴ関係の仕事なんですけど、新しいシステム開発のプロジェクトで。簡単に言うと、ＡＩを使ってお客さんの問い合わせに自動で答えるシステムを作ろうとしてて。データの準備に時間がかかりすぎちゃって……ま、明日また頑張ります。こうやって知らない人に話すだけでも、少し気が楽になりますね。」

このように、相手によって説明の仕方を変えることをイメージできるようになると、相手との関係性や相手の立場、理解度に合わせた効果的なコミュニケーションに活かせる表現ができるようになります。

④俯瞰する

言語化が下手な人は、何かを説明するときに、それ自体を注視することに気を取られがちです。

一方で話を聞く人は、まず全体像を捉えた上でないと、その注視するポイントの意味を理解できません。したがって、一体何の話をしているのか、という俯瞰的な見方を取り入れられるようになりたいのです。

◇例：新しい商品企画を提案する場合

特定の部分を注視した説明：

「この商品の特長は、従来品より20％軽量化されていることです。」

俯瞰的な説明：

「私たちは、顧客の『持ち運びやすさ』というニーズに応えるため、新しい商品ラインを企画しました。その中核となる特長が、従来品と比較して20％の軽量化を実現できたことです。これにより、日常使いの利便性が大幅に向上し、特に通勤や旅行時の使用を想定したユーザーに強くアピールできると考えています。」

このように全体像を示すことで、聞き手は軽量化というポイントの意味や意図を理解しやすくなりますね。

⑤相手に合う形を取り入れる

説明には、聞いていて理解しやすい話の流れや形式があります。どんな順番で、どんな情報がどのように含まれていると聞きやすいのか、ということを練習しながら身につけていくことが重要なのです。

◇例：初めての大阪出張で、空き時間の過ごし方について同僚にアイデアを求める場合

下手な説明：

「あの、来週大阪に出張なんだけど……。初めてで、よくわからなくて。仕事の合間に何かできるかな？　でも、時間があんまりなくて……。何か美味しいものとか、有名な場所とか……。」

上手な説明：

「来週、大阪出張で、アイデアがほしいんだ。具体的には、火曜日から木曜日までの3日間で、水曜日の夜と木曜日の午後3時以降が自由になりそうなんだ。まず、大阪らしい美味しいものが食べたい。次に、土産話ができそうな観光スポットとか。おすすめの場所や効率的な回り方があれば教えてほしいんだ。宿は難波の近くにしたけど、土地鑑もないから、アクセスも一緒に教えて。」

質問のされ方で、頭に思い浮かぶアドバイスの内容が変わってきそうですよね。結果的に、伝え方によって得られる答えも変わってきそうなイメージを持てるでしょうか。

これら5つのアプローチをこの第2章でもお伝えしていきます。

言語化が得意になるためにたくさんの言葉、つまり**語彙を無理に増やす必要はありません**。表現のために適した考え方や発想があれば、そこに必要な言葉を自然と意識できるようになります。そのときに、よりピッタリな言葉を見つけていけば良いのです。

06 上手に説明できる人は全体像から話す、できない人は細かいところから話す。

あなたは料理番組の案内役を任されたとします。まず最初に伝えるべきものは何でしょうか。

そう、何の料理を作るのか、ですね。はじめに具体的な料理名を紹介しない料理番組など、ありません。

×

「まず玉ねぎを細かく刻んで、それからにんにくをつぶして、オリーブオイルで炒めます。次にトマトを加えて煮込み、塩コショウで味を調えます。最後にパスタを茹でて混ぜ合わせます。」

しかし、今日作る料理名を明かさずに、いきなりこのように始めたらいかがでしょうか。

まず間違いなく、多くの視聴者は戸惑うでしょう。

それは、説明も同じです。何の話をしているのかを聞き手が理解しないまま細かい話を進めると、聞き手は「何の話をしているのだろう」と混乱します。話の方向性や目的を見失って、話を聞き続けようと思う気持ちもなくなります。人によってはイライラとして、気分を悪くするかもしれません。

一方、説明上手な人は、全体像から話しはじめます。先ほどの料理番組の例でいうと、このように説明します。

「**今日ご紹介するのは、**地中海風トマトパスタです。さっぱりとした酸味と香り豊かなハーブが特徴の、夏にぴったりの一皿です。材料はこの通りです。調理は大きく分けて、ソースの準備、パスタの茹で、仕上げの**3段階で進めます。**」

最初に調理が完了した料理を見せながら、何の料理を作るのかを説明するはずです。次に料理の材料を見せてから、料理の工程を大まかに説明します。そして最後に各工程の細かい説明をするといった流れにすると、聞いている人たちもイメージしやすいはずです。

料理番組だけではなく、あらゆるシーンで**全体像を見せてから詳細を伝えていく**手法は使えます。

ではなぜ、全体像を説明でイメージしてもらう前に、細かいところから説明してしまうのでしょうか。

もちろん、さまざまな要因はあると思いますが、その細かいところが重要だと思い込んでいるケースが特に多いように思います。

先ほどの料理の例でいうと、玉ねぎの切り刻み方が味の決め手になるということで、それを最優先に説明しなければならないと思い込んでしまうのです。相手にとって最も重要なものは何かを間違えてしまうと、途端に理解不能な状態になることも意識しておくといいでしょう。

まず、説明するのなら、話の「全体像」を相手に理解してもらいましょう。

そうすることで、**相手の頭の中に情報を理解するための枠組みができ、後に続く情報をどこにどう位置付けるか、関連付けるかを決められる**ようになります。

また、重要な情報に注意を向けやすくなるため、効率的に情報を処理して理解を深めることができるようになるのです。

最後に、どれくらい情報を正確に伝えられるかを試すゲームを紹介しましょう。

話し手にだけイラストを見せて、イラストを言葉だけで聞き手に説明して、聞き手がどれくらい正確に同じイラストを描けるかというゲームです。このゲームをすると、大枠と全体像を先に伝えたほうが、圧倒的にイラストの再現性が高まることがわかります。

聞き手の頭の中で、話し手のイメージをどのように再現するのかを意識する。そのためには、まずは全体像から伝えることが重要です。

06 説明上手な人は、話の全体像を見せることが先決だと意識している

07 上手に説明できる人はクリアなところから話す、できない人はモヤモヤから話す。

説明しようにもはっきりとしていないところがあって、うまく説明できないときとか、ありませんか？

たとえば、あなたは会社の部署異動を考える人事部長としましょう。誰をどの部に異動させるか、まだ不確定要素が多い段階です。副社長から「次の幹部会議で異動の話をしてほしいんだけど、間に合うの？」と状況説明を求められたとします。

×

「誰がどの部署に行くかまだ完全には決まっていない状態でして、新しい部署の役割分担もこれから詰めていくところで、移行期間をどうするか議論中ですが、来月1日が有力です……」

とにかく「完全には決まっていない」ということは伝えておこうと考える人は少なくありません。

というのも、説明する本人が「決まっていないこと」のモヤモヤが気になって仕方ないからです。不確定要素や懸念事項を最初に伝えておくことで、不安を少しでも軽減したいという人もいるでしょう。または、後で批判されたり質問されたりすることから身を守りたいと、無意識に自己防衛しているのかもしれません。

しかし、自分がモヤモヤしている点から話をしても、相手はかえって状況を理解しにくくなるばかりです。不明確な情報から始めると、聞き手は全体像を把握できずに混乱します。

また、話す本人もモヤモヤとした情報を最初についロにしたことで、何が重要な情報なのか、頭を整理できずに重要な情報が埋もれてしまうことも考えられます。

不確定要素や懸念事項があると、ついそれが気になるという人も少なくないでしょう。

では、そのような場合、どうしたらいいかというと、**モヤモヤではなく、クリアになっ**

ているところから話すことです。冒頭の例（人事異動）について、説明上手な人はこのようにクリアになっているところを話します。

「組織変更について、**決定事項から順にお伝えします**。まず、来月1日から新体制に移行します。主な変更点は、営業部門を地域別に再編することです。各部署の具体的な人員配置は来週月曜日に発表します。」

まず、現在どのような状況なのか、クリアになっているところを説明しています。「誰がどの部に行くかわからない」ということを伝えていませんが、聞き手はどのような状況なのかの全体像がつかめるのではないでしょうか。

「わからない」「決まっていない」などの不安を伝えたい気持ちをグッと抑えて、確定している事実を伝えるところに焦点を当ててみましょう。

ただ、なかなかこのようにうまく説明できないと思われるかもしれません。そういう人は、次の3ステップを意識して、情報を整理すると良いでしょう。

①情報を**確定情報と未確定情報に明確に区別**して、**確定情報を重要度順に**するクリアになっているもので優先的に伝えるものは何かを考えます。モヤモヤしているものは後回しにするか、必要な場合のみ補足すればいいでしょう。

②話の順番を考え、**最も重要で明らかな情報から始める**

確定情報を見極めたら、その情報を論理的な順序（たとえば目的↓現状↓計画など）で並べます。ここでは、各ポイントを明確に区切って説明することが重要です。小さなことだと思いがちですが、聞き取りやすさや理解しやすさに大きな違いが出ます。

③**モヤモヤに対する不安や違和感を認識しつつ、それを切り離す**習慣をつける

クリアな確定情報だけでも、着実に前進することができますし、価値ある説明ができます。また、次につながる相手の協力を得ることができると捉えておくことです。

07 説明上手な人は、確定情報に絞って整理して話す

08 上手に説明できる人は事実をぶつける、できない人は思いをぶつける。

×

「このプロジェクトの遅れは本当に許せません！　みんなのやる気が足りないんです。会議で決めたことがまるでなかったかのようになっている。もっと真剣にやるべきです。」

自分の意見を伝えるとき、感情的な物言いをしてしまうと、確実に失敗します。中には、こんなことを言われて、ムッとする人も出てくるでしょう。改善につなげようとする話もむしろ協力が得られなくなってしまいます。

説明上手を目指すのなら、常に感情のコントロールができるようにしておくことです。

たとえば、説明上手は先ほどの例では、こんなふうに**感情の代わりに事実をぶつけて説明します。**

○「現在、プロジェクトは当初の予定より2週間遅れています。主な要因は、外部サプライヤーの部品納入の遅延です。来月末の納期に間に合わせるための施策について、各人の意見を聞かせてください。」

遅れが出ていることに、本心はイライラしているかもしれません。

しかし、説明上手な人は、その感情を抑えて説明することで、次の3つのメリットがあることを知っています。

①話の客観性

感情を抑えることで、冷静に事実や数字に基づいた情報を伝えることができます。これによって、聞き手は状況を正確に把握し、適切な判断を下すことができます。

②信頼性の向上

感情を爆発させてしまうと、周りからは「大人気ない」「感情に左右されている」と冷ややかな目で見られます。逆に、常に冷静な態度を取ることで、「余裕がある」「感情よりも場をマネジメントする意識が強い」と印象づけ、「信頼できる人だ」と評価してもらいやすくなります。

③建設的な対話を促進する効果

感情をぶつけると、相手も冷静な判断ができなくなります。感情を抑えて建設的に話すことで、質の高いコミュニケーションが図れるようになります。

とはいえ、つい感情的になってしまうという人もいるでしょう。私の経験上、次の3つが原因となっているように思います。

一つは、ストレスです。ストレスを感じると、心に余裕が持てなくなります。

次に、関与の度合いです。その物事に深く関与していると、どうしても感情的になりがちになり、客観視できなくなります。

最後は、経験不足の場合も考えられます。未経験のものに着手するときほど、心に余裕がなくなります。

では、最後に「感情的にしゃべってしまうくせ」を治す方法を紹介しましょう。

まず、**話す前に深呼吸をして心を落ち着かせる**ことです。即座に反応すると、感情のままに説明してしまいます。一呼吸置いて考える時間を作るために、深呼吸をするというのが第一歩です。

次に、**「ポジティブフレーミング」**の手法を覚えておきましょう。

①事実に意識を向ける習慣をつける
②可能な限り事前に情報を整理し、伝えるべきポイントを明確にする
③問題点だけでなく、解決策や改善点にも目を向ける

この流れを意識しておくと、少しずつ感情を抑えられるようになります。

もちろん、どんな人にも感情はありますし、感情を持つこと自体は間違いではありません。ただ、感情をぶつけて話すことのデメリットを肝に銘じておくことです。

08 説明上手な人は、常に感情を抑えるよう、心と頭の整理をしている

09 上手に説明できる人は不可欠なものを伝えようとする、できない人はたくさん伝えようとする。

×

高齢者にスマートフォンの説明をした経験はあるでしょうか？

「使い方がよくわからない」と言われたとしましょう。

「まず、設定の仕方ですが、○○を開いて……。アプリはこのボタンを押して……。カメラの使い方は……。インターネットやSNSなどの見方は……」

「そんなに難しくないし、一気に説明したほうがいいだろう」

そう思い、一つひとつ噛み砕いて教えていきましたが、「やっぱりよくわからない」と言われて、途中で説明するのが面倒になった人もいるのではないでしょうか？

これは、説明下手な人の例であり、そしてスマホを普通に使いこなしている人たちによくあるパターンだと思います。

なぜ「通じない」のでしょうか？

多くの人が頭ではわかっていることと思います。**「求められている以上のことを一度に説明しているから」**です。

○

一方、説明が上手な人は、先に困っていることを具体的に聞きます。

「スマホの操作の**どこで困っていますか？**」

もし、この質問に対し、「メッセージの送り方がわからない」と返ってきたら、それだけをまず説明します。そして相手が使えるようになれば、ひとまずそれで解決です。お互いにハッピーなのです。

これについては、逆の立場になれば、いろいろと見えてくるかと思います。

たとえば、初めて訪れたレストランでメニューを開いたら、なじみのない料理が並んでいたとします。「どれがどんな料理か」もわからないので、店員に聞いてみたところ、こんな説明をされたらどう思いますか？

「このコック・オ・ヴァンはフランス・ブルゴーニュ地方の伝統料理で、鴨肉を赤ワインで煮込んだ料理です。この料理を食べるときにはこの料理の煮込みで使ったワインと同じワインを飲むというルールがあります。カスレは……。フリカッセは……。スープドポワソンは……」

「一つひとつを細かく教えてもらっても、覚えきれないよ……」と多くの人は困るはずです。途中で「よくわからないから、もう何でもいいや」と聞くのをあきらめたくなるのではないでしょうか？

一度に覚えられる情報の量には限りがあります。説明する側の人も逆の立場になれば、必要以上の情報を前にして「やっぱりわからない」となりうるのです。

では、この場合、説明が上手な人はどんな説明をするのでしょうか。

〇

おそらく、説明する前にこんな質問をするでしょう。

「メインは肉か魚、**どちらがいいですか？**　あと何を飲まれますか？」

お客さんの返答によって、オススメする料理を**絞り**、一つひとつを**簡潔に説明**して、お客さんに料理を**自分で選んでもらう**という方法をとります。このようなやりとりをすることで、お客さんが食べたい料理を選ぶことができるのです。

相手はすべての情報を知りたいわけではありません。

説明上手な人は、とにかく相手が求めている情報は何かを探っていきます。

09 説明上手な人は、「相手が求めている情報」を見極め、そこに絞って伝えようとする

10 上手に説明できる人は疑問に答えたい、できない人は丁寧に説明したい。

新しく社員が入ってきてあなたの後輩になったとき、職場の大事なルールをどのように伝えますか？

×

「経費精算は毎月25日が締め切りなので、忘れないでください。コピー用紙はなくなったら印刷室の奥の棚にあります。朝礼の当番があってSlackで共有されているので、確認してください。報告書を書くときは共有フォルダーにテンプレートがあるので、それを使います。Wi-Fiのパスワードはコピー機の横の壁に貼っています。そして……」

新入社員に早く職場に慣れてもらいたく思い、このように丁寧に説明しなければならないという一種の使命感を持っている人もいます。その気持ちもわかりますが、本当に相手

郵便はがき

恐れ入りますが
切手を貼って
お出しください

112 - 0005

東京都文京区水道 2-11-5

アスカ・エフ・プロダクツ

「個人出版」「企業出版」ご案内係行

ふりがな		年齢	歳
お名前		性別	男性 女性
ご住所	〒　　　-　　　　☎（　　　-　　　-　　　） 都道府県　　　　市区町村		
メールアドレス			
職業	会社員　経営者　公務員　教育・研究者　学生　主婦 自営業　無職　その他（　　　　　　　　）		

明日香出版社グループ　～1972年創業～

有限会社アスカ・エフ・プロダクツ

〒112-0005　東京都文京区水道 2-11-5

TEL 03-5395-7660 ／ FAX 03-5395-7654

ホームページ

(2024.12)

が理解し、記憶できる情報なのでしょうか。

おそらく顔には出さずに聞いてくれるでしょうが、「知りたいのはそこではない」と思っているかもしれません。

説明が下手な人は、情報を一つひとつ丁寧に網羅的に説明しようとします。結果的に情報量が多くなり、聞き手を疲れさせ、聞く気を失わせてしまいます。

実は、「丁寧に説明をする」ことが必ずしも正解ではないのです。

説明が上手な人は、丁寧に説明をしようということにこだわりません。

丁寧に一つひとつ説明するのではなく、**相手が知るべきことや知りたいことを厳選して説明しよう**と考えます。

たとえば、先ほどの例で言いますと、こんな感じです。

「**最も重要なルールは、**顧客情報の取り扱いについてです。社外での会話やPCの利用、SNS投稿には**特に注意が必要です**。具体的なガイドラインをメールで送るので、何よりもそれに気をつけてください。」

おそらく、新入社員はこの職場で働く上でまず「最も重要なルール」を知りたいと思っているはずです。

会社には会社ならではのルールが存在しています。その中に、「知っておかないといけないこと」と「必要なときに聞けば良いこと」があります。何度も聞かれると説明する側も大変なので、なるべく効率よく伝えておきたい気持ちもありますが、一つひとつ順に覚えていけば良いルールは、最優先の情報ではないととらえておくことです。

あくまで、**説明は「相手が知らなくては困るもの」に絞ること**が原則です。

ただ、重要なことは伝えたものの、それ以外に相手が本当に知りたいことは別にあるかもしれません。

「何か他に聞きたいことはありますか？」

聞き漏れがないか、一度確認してみてもいいでしょう。

人によって関心ごとは異なります。

思いもよらぬことを聞かれるかもしれませんが、相手の疑問に答えると、すっきりしてもらえるでしょう。

多くの人が「できるだけ多くの情報を、丁寧に」説明しようとしてしまいますが、必ずしもそれが最適ではないということを、まずは知りましょう。

10 説明上手な人は、相手が何を知りたいのか、知るべきなのかに絞って説明しよう

11 上手に説明できる人は型に入れて話し、できない人は思いつく順に話す。

×

「初めての北海道に行ってきましたよ。紹介してもらったラーメンのお店、おいしかった。サイコーでした。しかし北海道はでかいですね。運転が大変でした。いやーでもまた行きたいです。」

こういう流れで話す人、いますよね。

このように、頭に浮かんだことをそのまま話して、会話がすぐに終わってしまうことはありますか？

話を聞いている相手からすれば、「喜んでいるようだからよかった」とは思うでしょうが、話をきっかけにして次に展開するには、他の情報が必要なため、質問をしたり、新たな情報提供があるかどうかは、その相手しだいになってしまいます。

また、思いつきで話す人は重要な情報を伝え忘れたり、同じ内容を繰り返したりする可能性が高くなります。

ついこのような話し方をしてしまう人は、単純に準備不足だと思いましょう。その場で考えながら話すことで、冷静に情報を整理する余裕がなく、伝えることに精一杯で聞き手への配慮にも気が回りません。話は一方通行で、聞き手がどのように反応できるのかに、意識が向かないのです。

説明上手な人は、その場で即興で話すことよりも、説明の準備に時間を使います。冒頭の例では、このように伝えます。

○

「初めての北海道に行ってきました。
① **行き先** 札幌1泊、道東2泊です。
② **目的** 現地グルメは大きな目的のひとつで、札幌では紹介してもらったラーメンと寿司、道東は焼肉とインディアンカレーがよかったですね。

③ **感想** ラーメンは出汁がサイコーでした。
④ **次の話の投げかけ** あんな店、どうやって見付けたんですか?」

では、どのような「事前準備」をすれば良いのでしょうか?

説明上手な人の例をあげながら、解説していきましょう。


まず伝えたい内容を**箇条書き**にします。

そして**重要度順に並べ替えて、主要ポイントにまとめる**ようにします。

ここでは、テーマが旅行ですから、聞く側としても「行き先」「目的」「感想」は知りたいところですね。テーマに応じて、まず全体像や概要を理解する基本的な情報を伝えたいところです。

また、冒頭で**今ここでこの話をする意図などの導入**となる情報を示します。

今回は、すでに北海道に行くことを伝えて、札幌のラーメン屋さんを紹介してもらっていた想定になっているので、「行ってきました」が導入になります。

次に「どこに」「何をしに」が続きます。旅の感想はいろいろあると思いますが、飲食店を紹介してくれた人に対する感想なら、まずそのお店か食べ物に対する説明に絞って伝えるほうが聞き手も積極的に話を聞きやすいので、それを中心にまず伝えます。その中で、飲食店を紹介してくれた人なら興味を持つかもしれない道東の焼肉と地元の有名店を次の案内として紹介し、最後に必ず**相手が話せる投げかけ**をして終わっています。

最後に、聞き手の反応を観察し、「伝わったのかどうか」を確認します。この旅の話に限らず、質問してもらいやすいように間を取ったり、ポイントが理解できたかを聞いてみる、という流れを習慣化しておくことも効果的でしょう。

説明をする前に、これを意識して準備しておくだけで、心に余裕ができます。ぜひ取り入れてみてください。

11 説明上手な人は、型に入れて話す準備をしている

第2章 まとめ

□モヤモヤを言語化するには、
慌てて話し始めずに、
まずはクリアで重要な部分に注目し
相手と共有できる形にして話していく。

話は全体像から、
事実をもとにして、
不可欠なことに絞ると相手も聞きやすい。

□自分が話す内容よりも、
相手の疑問に目を向けることが大切です。

第3章

黙って聞き続けるのはしんどい編

この章での
POINT

上手に説明できる人は、
相手に質問させる機会を作る。

この章では、説明上手になるために欠かせない「相手を巻き込む対話型の説明」の重要性を学びます。一方的に話し続けるのではなく、相手の反応を見ながら、質問を投げかけ、理解度を確認しながら進めることが鍵となります。

この章で最も大事な考え方は、**「相手に質問させる機会を作る」**ということです。

よくある説明下手と、第3章で目指す説明上手の例を見てみましょう。

若手社員の河野さんが商品説明のコツをベテランの小泉さんに聞いています。どんな風に説明しているのか、やってみてと促された河野さんは、次のように話し始めます。

「我が社の商品の特徴は、高品質、低価格、迅速な納品の3つです。まず高品質についいては、独自の製造技術により……（10分後）……そして納品については、全国各地に物流センターを設けているため……」

一生懸命話している河野さんの様子を見ながら、小泉さんは、最初は真剣に聞いていましたが、途中からゆっくり頷きながらも時折目線を天井に向けたり、どうすればいいのか考えるような表情に変わっていきました。そして、一言「わかった」と言い、次のように話し始めました。

「ずっと一人で話し続けているよね。」

河野さんは、「それが何か?」という顔をしています。

「しんどくない?」

河野さんはこう言われて、いや情報を伝えないと商品説明になりませんから、と答えると、小泉さんはこう伝えました。

「こちらが何を知りたいか、聞かないの?」

河野さんはハッとしたものの、どうすればいいのかわかりません。

小泉さんは、ちょっとやってみようか、と始めました。

小泉：「河野さん、まず、我が社の商品の特徴は何だと思いますか？」
河野：「えっと……、品質が良いことでしょうか？」
小泉：「その通りです。品質の良さは大きな特徴の一つです。では、なぜ品質が良いと言えるのか、ご存知ですか？」
河野：「すみません、よくわかりません。」
小泉：「大丈夫です。実は、独自の製造技術が理由なんです。具体的に言うと……（簡潔に説明）……こんなふうに、お客様に質問を投げかけながら説明していくと、相手の理解度に合わせて話を進められるんですよ。次の特徴について、何か思い当たることはありますか？」
河野：「価格が安いとか……？」

小泉さんはうなずいて、「素晴らしい！ その通りです。では、なぜ安くできるのか、一緒に考えてみましょう。」と、対話を続けていきました。

河野さんが当初一方的な説明をしたのには理由があります。自分の豊富な知識を一つひとつヌケモレなく伝えなければならないと思い込んでいたからです。

また、多くの情報があれば、相手はその情報に基づいて判断がしやすくなるという意識が強かったため、一人で話し続けていたのです。

一方的に話し続けられると、聞く側は受動的になり、理解度がかえって低下してしまいます。また、質問したいタイミングを逃してしまい、結果として積極的な反応が生まれにくくなってしまいます。

そこで、相手に質問の機会をうまく作っていく、ということが重要になるのです。

本章では、そんな説明上手になるために、いくつかのステップを踏んでコツを学んでいきます。

まず、話をしながらも相手に考える時間と発言の機会を与えること。

次に、相手の反応を見ながら説明の速度や深さを調整すること。

そして、質問を投げかけることで相手の理解度を確認しながら進めることです。

このアプローチで、効果的に相手を巻き込み、話の中身をより深く理解させて記憶の定着を促し、また、積極的な反応を期待することができます。

この章では、ありがちな一方通行の説明から、どのように相手を巻き込む対話型の説明に変えていけば良いのかを順番に見ていきます。

12 上手に説明できる人は質問させようとする、できない人は納得させようとする。

ある中堅企業の経理部長は取締役会で四半期報告をしています。前任者から引き継いだ報告スタイルを踏襲し、詳細な数字を淡々と読み上げます。次のような感じです。

「第3四半期の財務状況ですが、売上高は前年同期比15%増の10億円となりました。これは主に新製品ラインの好調な販売と、海外市場での拡大によるものです。一方、営業利益は原材料価格の上昇により若干の減少が見られ、前年同期比2%減の1億円となりました。EBITDAマージンは……（さらに詳細な数字が続く）」

この会議に出席した新任の役員はあることが気になり、取締役会の後で経理部長に声をかけました。多くの出席者がスマホを見たり、資料に目を通したりするだけで特に発言はなく、形式的とも思えるような流れで承認が行われ、重要な経営判断の時間になっていないと感じたからでした。声をかけられた経理部長は自分の報告に問題があったのかと耳を傾けます。

その役員は言いました。

「対策や注意が必要になりそうなところに聞き手の意識が向くように説明するのが良いのかなと思います。ただ、人によって気になるところが違うから概略だけ先に伝えて、自分から聞く方が早いんじゃないかな。たとえばこんなふうに。」

「報告書のとおり、第3四半期は売上が好調で、前年比15％増となりました。一方で、利益面では課題も見えてきています。**どの部分をより詳しく説明しましょうか？**」

経理部長は次の会議からこの提案を取り入れたところ、活発なやりとりが生まれる時間になったということです。

この2つの例は典型的な説明下手と説明上手の対比になっているのがわかるでしょうか？

説明下手な人は、自分が詳しい情報を順番に抜けもなくモレもなく伝えることに一生懸命になります。それが相手の役に立ち納得につながるのだと信じて疑わないからです。

ところが、相手はスマホを見たりしているわけです。

自分がしている説明よりもスマホが優先されている状況は、やはりなんとか改善したいところではないでしょうか？

そんなときに大切なのは、まず**相手が積極的に話に参加するきっかけを提供する**ことです。つまり何に興味があるのかを聞く、ということです。

そもそも説明上手な人は、**一回で話を納得してもらおうとは思っていません。**

まずは、話に関心を持ってもらうことを考え、簡潔な説明を心がけ、相手からの自発的な質問を引き出そうとします。「どの部分をより詳しく説明しましょうか」などという「問いかけ」を活用しているところからもわかるでしょう。

つまり、説明上手な人は、一方通行ではなく、**相手とのやりとりを交えた説明で納得してもらおう**と考えているのです。

キャッチボールのようなやりとりで、そのうちに相手が何に関心を持っているかにも気付き、自ずと納得してもらえるようになります。

そこで、説明の機会を得たら、最終的に納得してもらうために、話に関心を持ってもらうことを最初の目標として考えてみることをお勧めします。

「伝えておかないといけない大事なこと」にのみ情報を絞って、あとは相手が何に関心を持っているのかを探るために「問いかけ」をしてみるのです。相手の関心に気付いてそこに焦点を当てていくことで、最終的に納得してもらえる確率が上がります。

ついつい一回の説明の情報量が多くなっていませんか。

説明するときに相手が何に関心を持っているのか、まずはそこに着目してみましょう。

12 説明上手な人は、相手の関心を惹きつける説明を心がける

13 上手に説明できる人は結果を得ようとする、できない人は話を聞いてもらおうとする。

中堅IT企業のプロジェクトマネジャーの鈴木さんは、新規ウェブサービス開発のプロジェクトの提案を経営陣に対して行う機会を得ました。長い時間をかけて考えてきた構想をしっかりと伝えようと次のように話し始めました。

「このプロジェクトについて、私が考えた背景や経緯を詳しく説明させてください。まず、3年前に似たような案件があって……（長々と続く）」

この鈴木さんは、几帳面で熱心、かつ典型的な説明が下手な人です。

その理由は、**説明をすること自体が目的化している**からです。

自分の知識や経験、このプロジェクトのために行った調査や分析を示すことで、経営陣に自分の能力や努力を認めてもらいたいと考えているのです。

ところが、こういうとき、実際には何が起きるでしょうか？

経営陣は退屈し、プロジェクトの意味を理解できません。質問や議論の時間が不足し、具体的な決定や行動につながらないのです。**説明はできても、時間切れです。**

一方、説明上手な人は、このように説明するでしょう。

「このプロジェクトで達成したい主な目標は売上10％増です。**これについてどう思われますか？**」

ここでポイントになるのは、説明の目的を明確にプロジェクトの承認を得ることに置いているということです。

必要な予算と人員の割り当てを確保し、さらに経営陣の支持と積極的な関与を引き出そうとしている。そんな意識が伝わるような話の導入です。

「結果」を得るために、話の核となる部分のみ説明し、「問いかけ」で感想を求めています。

「このご時世で10％増はすごいね。具体的にどんなことをするの？」

「売上10％増を目標にした根拠は？」

「問いかけ」をすることで相手からこんな質問がくるでしょう。

その質問に対して回答をして、また「問いかけ」を使うといったラリーを続けていくことで、相手の関心ごとや理解度を知ることができます。

大事なので繰り返しますが、**説明は「言いたいことをわかってもらうため、聞いてもらうため」のものではなく、あくまで結果を得るためのもの**です。

ここでいう結果は、立場や状況によって変わります。

たとえば営業パーソンが商品の説明をする目的は、「商品の特徴を知ってもらう」ことではなく、「商品の魅力を感じて買ってもらう」ことですし、社内プレゼンの場で企画の説明をする目的は、「合意を得る」ことではないでしょうか？

つまり、説明の目的は、相手にあなたが望む行動をとってもらうことなのです。

そもそも、今何のために説明をしているのかを、まず確認しましょう。

その目的をかなえるために、問いかけで相手の関心ごとを引き出していければ、結果的に時間短縮が図れて、効率的な説明をすることができるのです。

13 説明上手な人は、相手の関心や理解度に応じて情報を提供し、迅速に合意や決定に向かうことができる

14 上手に説明できる人は途中で一息つく、できない人は一気に話す。

新人営業の鈴木さんは、先輩である中村さんのプレゼンを見学する機会を得ました。中村さんは豊富な知識を持っていますが、時々クライアントを置いてけぼりにしてしまうことがあります。

「この新商品は最新のナノテクノロジーを採用し、耐久性が50%向上、重量は30%軽減、さらに防水性能もＩＰ68規格をクリアしています。バッテリー寿命は従来比2倍で……」

中村さんの説明に、クライアントの表情が徐々に曇っていくのを見た鈴木さんは違和感を覚えます。

「なぜだろう？　情報は十分伝えているはずなのに……」

その日の午後、社内のトレーニングセッションで、営業部のエースである山田さんが模擬プレゼンを行いました。

「この新商品の最大の特徴は、軽さと丈夫さを両立したことです。具体的にどの点に興味がありますか？」

（相手の反応を待つ）

「なるほど、ではその点についてもう少し詳しくお話しします。」

山田さんのプレゼンに鈴木さんは目を見張ります。聴衆が積極的に質問し、会話が弾んでいるのです。そしてふと、先日見た漫才番組を思い出しました。人気漫才師のAさんが「間」について語っていたのです。

「漫才の『間』は、お客さんの笑いや反応を引き出すためのものなんです。相手の反応を見て、次のネタを調整することもある。これがライブの醍醐味ですよ」

鈴木さんは「まるでビジネスプレゼンと同じだ！」と気付きます。実は、ビジネスコミュニケーションにおける「間」の重要性は、研究でも裏付けられています。営業やカウンセリングの場では、「アクティブリスニング」を重視し、話す時間と聞く時間の比率を40：60にすることで、コミュニケーションの質が大幅に向上する、なんて話もあります。

発見に刺激を受けた鈴木さんは、自身のプレゼンスタイルを見直すことにしました。


双方向のキャッチボールによって、相手のニーズにより焦点を当てた説明ができるようになります。結果として、より多くの前向きな反応を得られるようになることでしょう。

ビジネスの世界で成功するためには、情報を一方的に伝えるだけでなく、**相手の反応を見る「間」を効果的に使う**ことが重要です。それは単なるテクニックではなく、相手を尊重し、真のニーズを理解しようとする姿勢の表れでもあります。


漫才師が観客の反応を見ながらネタを調整するように、ビジネスパーソンもクライアントの反応を見ながらプレゼンを調整する。この「間」の活用が、ビジネスと漫才の意外な共通点かもしれません。

効果的な「間」の使い方には、たとえば次のようなものがあります：

① **質問の後の「間」**：相手が考える時間を与え、深い回答を引き出す
② **重要なポイントの後の「間」**：聞き手がその情報の重要性を認識し、消化する時間を作る
③ **相手の反応を見る「間」**：理解度を確認し、必要に応じて説明を調整する
④ **思考の「間」**：質問された際、即答せずにより質の高い回答を準備する
⑤ **話題転換の「間」**：新しい話題に移る前に、聞き手の心の準備を整える

次回の説明の機会にあなたも「間」を意識してみてはいかがでしょうか？　きっと、コミュニケーションの質が変わり、ビジネスの成果にも良い影響を与えるはずです。

ビジネスでも、漫才の舞台でも、一気に話すのではなく、「間」を作る。途中で一息つく。「間」が成功のつかみになるのです。

14 説明上手な人は、間を作ることで効果的な説明ができる

15 上手に説明できる人は目の前を変えようとする、できない人は世界を変えようとする。

よくありそうな2つの場面から、説明上手と下手の違いを考えてみましょう。

◇例1：子どもの教育について

保護者同士の会話で、ある親御さんがこう言います。

「うちの子を一流大学に入れて、外国語も完璧にマスターさせて、スポーツも音楽も習わせて、ボランティア活動もさせて、将来は国際的なリーダーにしたいんだ。だから学校でもそういった教育をしてほしいんだよね！」

「こういう人、いそうだな」と思ったり、口には出さずとも同じように考えるという人もいるかもしれません。しかし、これが「説明下手」な人の典型例です。

一方、「説明上手」な人はこう言うでしょう。

「子どもの英語力を伸ばすために、さしあたって**週1回の英会話教室に通わせよう**と思うんだけど、どう思う？」

◇例2：高級車の購入について
次は、夫婦の会話です。

説明下手な夫：「ねえ、ベンツを買おうよ！ 安全性は業界トップクラスだし、乗り心地も最高。それに、みんなが振り返るようなスタイリッシュなデザイン。これからは毎日の通勤も楽しくなるし、週末のドライブも最高だよ。だから、今から節約して……」

これも「あるある」な話の流れではないでしょうか。「うちの夫がこんなこと言い出して……」という妻の声が聞こえてきそうです。

一方、説明上手な夫はこう切り出すでしょう。

「最近、車の維持費が気になるんだ。**燃費のいい車に乗り換えたら、少し節約できるかな？**」

なぜ説明上手な人のアプローチが効果的なのでしょうか。
3つの理由があります。

①小さな目標は相手の理解と同意を得やすい
②小さな成功を積み重ねることで、最終的により大きな目標の達成につながる
③相手の反応を見ながら、柔軟に方向性を調整できる

たとえば、子どもの教育の例では、①週1回の英会話教室からスタート、②英語力の向上を確認、③国際交流イベントへの参加を提案、④短期留学プログラムの検討、⑤国際的な進路選択のサポート…というように段階を踏むことで、最終的に「国際的なリーダー」という大きな目標に向かって進んでいくイメージが共有できそうです。

ベンツの例でも同様に、①燃費のいい車の調査から始める、②安全性の高い車種について話し合う、③快適な乗り心地の重要性を議論、④長期的な視点での車の価値を考える……と、少しずつ合意を重ねていけば、最終的にベンツの購入という大きな決断にもスムーズに至る可能性が高まります。

ただし、途中で「実は車はあまり必要ないと思っている」といった意見が出てきた場合は、柔軟に方向転換することも大切です。たとえば、「生活の質を向上させる他の方法」という新たな共通目標を見出し、そこから話を展開していくのです。

説明上手な人は、このプロセスを予めイメージして説明を始めます。**時間をかけて小さな説得を積み重ね、周囲との関係性も強化**しながら、着実に**大きな合意形成**に向けて進んでいきます。

「千里の道も一歩から」と言います。世界を変えるにも、最初の一歩が具体的であればあるほど、説明はより効果的になり、最終的に大きな合意を得やすくなるはずです。

15 説明上手な人は、大きな合意を得るために、小さな説得を積み重ねる

16 上手に説明できる人は似た経験を聞く、できない人はたとえ話をする。

友達に今通っているヨガスクールをお勧めしようと思ったとき、あなたはどのように伝えますか？

「ヨガはね、まるで川の流れのようなものなんだ。体が水のように滑らかに動いて……」

この段階ではまだ話が見えませんが、一体、ヨガのどういうところが川の流れのようなんだろうと、気になる人もいるでしょう。話に注目してもらうきっかけとしては成功と言えるでしょう。

しかし、この説明の仕方は適切ではありません。

説明下手な人は、たとえ話を使うことにデメリットがあることに気づいていません。しかもパッと思いついたものなら、なおさら相手が誤解してしまうことも考えられます。

たとえば、先ほどの例にあった「川の流れ」ですが、ゆっくりと流れていくイメージを持つ人がいれば、水足が速く流れているイメージを持つ人もいるかもしれません。

話し手と聞き手それぞれの頭の中のイメージが違うと、誤解が生じやすく、内容を理解してもらえないということが起こり得ます。

そこで、説明上手な人がヨガスクールをお勧めするなら、このようにします。

「ストレス解消や体の調子を整えるために、**何か取り組んでいることはある？**」

（相手の回答）

「……そうなんだ。その**経験を聞かせて**ほしい。それを踏まえて、ヨガの良さを説明するね。どんな経験をしたの？」

説明上手な人は**相手の経験を聞き出し、それを基に説明を組み立てて**いこうとします。

相手から情報をもらうことで、どういう話なら相手はイメージがしやすいのか、理解してもらいやすいのかを考えます。

また、**相手が答えやすい質問**をして、答えてもらうことで会話に参加してくれるようになります。

双方向のやりとりになり、相手も説明に対し、しっかりと聞こうと積極的な姿勢をとってくれるようになるはずです。

その結果、内容を深く理解してもらい、「ヨガスクールに通ってみたい」という気にさせることができるでしょう。

大事なので繰り返しますが、**一方的に一気に説明するのはもうやめた方が良い**でしょう。

話の核となる部分を一通り説明したら、いったん「間」を置いて「経験」を聞き出してみてください。

そうすることで、相手があなたの説明に参加してくれ、この説明は自分ごとと捉えてくれるようになります。

人は誰しも、自分の話を聞いてもらいたい生き物です。

その性質を生かさない手はありません。

相手に納得してもらうためにも、どんな説明の場であっても、相手の答えを聞き出すことを心がけるようにしましょう。

16 説明上手な人は、相手の経験を聞き出して、相手の理解を深めていく

第3章 まとめ

□説明上手は会話のキャッチボールが上手です。

□一方的に話し続けずに、
質問をしたり、間をとったりして、
相手の答えを引き出します。

□相手が積極的にしゃべることで、
一人では成しえない結果につながるのです。

第4章

回りくどいのは
お互いにストレス編

この章での
POINT

上手に説明できる人は、中心にこだわる。

この章では、説明上手になるために不可欠な「簡潔かつ的確な表現」の重要性を学びます。回りくどい説明は聞き手の理解を妨げるだけでなく、話し手自身も気疲れしてしまいます。核心を捉えた簡潔な説明が、相互理解を深める鍵となります。

この章で最も大事な考え方は、

「中心にこだわる」

ということです。

よくある説明下手と第4章で目指す説明上手の例を見てみましょう。

地域の料理教室で、講師の宮川さんが新しいレシピを生徒たちに教える場面を想像してください。宮川さんは熱心に、こう話し始めます。

「今日は季節の野菜を使ったヘルシーな料理を作りますね。まず、材料の由来についてお話しします。この人参は、私の友人が営む有機農園で育てられたものです。その農園では、20年以上前から無農薬栽培にこだわっていて、土づくりから始まり、自家製の堆肥を使用しています。害虫対策には天敵生物を利用し、除草は手作業で行っています。さらに、月の満ち欠けに合わせて種まきや収穫を行う伝統的な農法も取り入れているんですよ。本当にすごいの。また、地域の小学生を招いて農業体験も実施していて、食育にも力を入れているんです。この農園の野菜は味が濃くて栄養価も高いんです。……（しばらく続く）……」

生徒たちは「長いな」と思いつつも、黙って聞き続けています。

この日、初めて様子を見に来ていた事務局スタッフの北村さんは、生徒たちが途中で落ち着かない様子になっているのを見て、思わず声をかけます。

「すみません、そろそろ調理を始めましょうか？」

宮川さんは、「また長くなっちゃったかしら」という顔をして、言いました。

「じゃ、まず包丁の持ち方について説明しますね。」

宮川さんは、北村さんが時計をチラチラ気にしているのを見て、少し緊張した面持ちで話し始めました。

「では、今日の料理のポイントを簡単にお伝えしますね。今回は、『5分で作れる栄養満点のサラダ』です。ポイントは3つ。1つ目は、野菜を食べやすい大きさに切ること。2つ目は、ドレッシングに柑橘類を使うこと。3つ目は、仕上げにナッツを加えることです。では、実際に作っていきましょう。」

生徒たちは頷いて「楽しみです！」と前向きな反応を示しました。

講師の宮川さんは、当初なぜ回りくどい説明をしてしまったのかを考えてみましょう。

宮川さんは、食材や調理技術に関する豊富な知識をすべて共有することで、料理をその素材から楽しめるようにと考えていました。また、細かい情報を伝えることは、それ自体がサービスであり、より価値のある講座になると思い込んでいたのです。

実際に、より深く知りたい、すべてを吸収したいという人たちがいる場では、それがうまく機能するかもしれません。そして、目の前にいる人たちが特に疑問を示さなければ、伝え方を変えようとするきっかけもないかもしれません。

ただ、聞き手がすべて同じような感覚を持っているわけではありません。回りくどい説明は、聞き手の集中力を奪い、重要なポイントをかえって見失わせてしまいます。また、話し手自身も要点を絞り切れていないため、結果的に相手の信頼を得ることが難しくなります。

ここで学んでいきたい説明上手になるコツは、次の通りです。

まず、説明の目的を明確にすること。次に、最も重要なポイントを3つ程度に絞り込むこと。そして、それらのポイントを簡潔な言葉で表現する練習をすることです。

これによって聞き手の理解度は高まり、実践的な学びや迅速な行動につながります。結果として、生徒の満足度は上がり、教室全体の雰囲気も活性化するでしょう。

この4章では、ありがちな回りくどい説明をスタートラインにしながら、どのように核心を捉えた簡潔な説明に変えていけば良いのかを順番に見ていきます。

17 上手に説明できる人は相手の文脈を見る、できない人は相手の顔色を見る。

相手の話を聞いていて、問題点を指摘する必要があるとき、あなたはそれをうまく伝えられますか。

「申し訳ありませんが……、ちょっと気になる点があって……、もし良ければ……お話しさせていただいても？」

説明下手な人は、相手の反応を過度に気にして遠慮がちに話してしまいます。

もちろん、相手がどのような反応を示しているのかを見ることはいいのですが、「修正を提案すると気を悪くされるのではないか」と顔色を気にするあまり、意見をうまく伝えられなかったら意味がありません。

もちろん、相手に対して失礼な物言いは避けたいところです。「どう伝えたらいいかわからない」という人も割と多いのかもしれません。

一方、説明上手な人は、このような言い方をします。

「現在のアプローチでは目標達成が困難です。**具体的な問題点は3つ**あり、それぞれに対する**解決策を提案します。**」

人によっては、「こんな直接すぎる物言いはできない」「失礼じゃないか」と思うかもしれませんが、そうではありません。

説明上手な人は、**相手が必要としている情報は何かをつかみ、明確に伝えることを重視**しています。そのため、相手が誤解しないように「困難です」とはっきりと伝えることに抵抗がないのです。

要は、常に相手の興味や状況を考慮しながら、相手が何を求めているかを探っているから、直接的な表現ができるのです。逆に言えば、必要のないときには言わないのです。

これはビジネスでもプライベートでもあてはまり、相互理解と良好な関係構築にプラスに働きます。プライベートの例も見ていきましょう。

「夕食はどこでもいいよ……あなたの好きなところで……私は何でも大丈夫だから……」

これは説明下手な人の例ですね。

もちろん、「パスタを食べよう」と相手のことを考えずに押し付けてしまうのは、問題かもしれません。

そのため、相手に遠慮して「どこでもいい」という表現を選んでいるのかと思いますが、人によっては「面倒だから考えるのを放棄した」と不快に思う可能性があります。優しさのつもりが誤解されてしまうのは、話し手にとっても本意ではないでしょう。

相手はこのとき、「あなたが食べたいものは何か」を知りたいはずです。

そこで、説明上手な人はこう答えます。

○

「イタリアンか和食、**どちらを食べたい？　私は**今日はどちらかと言うと、**パスタが食**

べたいと思っているんだ。」

相手が知りたい情報である「パスタが食べたい」を明確に伝えた上で、「イタリアンと和食のどちらが食べたいか」を**相手に質問して選択させています。**

相手が食べたいものを優先するという意味では、説明下手な人と同じですが、このような伝え方なら相手も余計なことを考えずにどの店にするかを決められるのではないでしょうか。

相手が求めている**情報を明確に伝え、双方向のコミュニケーション**をとっていくことで、**スムーズに決断**できるようになり、**時間もエネルギーも節約**できます。**良好な関係構築**にもつながるので、ぜひ取り入れたいところです。

17 説明上手な人は、相手のことを観察をして、相手が求めている正解を導き出す

18 上手に説明できる人は行動を求める、できない人は理解を求める。

レストランや食べ物を紹介するようなネットの記事で、最後に「いかがでしたか?」で終わる文章を見たことはないでしょうか?

実は記事の内容に自信がないことを自ら明かす書き方の典型です。

同様の例は、ビジネスの場面でもよく見られます。

たとえば、新しいシステムを紹介するプレゼンの締めくくりで、こんな言葉を耳にしたことはありませんか?

「この新しいシステムが、いかに業務効率を向上させるか、ご理解いただけたでしょうか?」

分野やテーマが違ったとしても、なんとなくこんなフレーズに見覚えがある人も多いのではないでしょうか。

しかし、先の例と同様に、「説明下手」な人がよく使っている典型例なのです。

話の途中なら、いいのです。しかし、これで終わってはいけません。

では、「説明上手」な人は、同じ状況でどのように締めるのでしょうか。

「来月から、新システムの試験運用を始めたいと考えています。初日の朝9時に、30分程度の導入研修を行いますので、全員の**参加をお願いできますか?**」

この2つの例の違いには、一体どんな違いがあるのでしょうか?

説明下手な人は、相手の理解や共感を得ようとします。

彼らの頭の中には、「わかってもらいたい」という強い欲求があります。自分の考えや提案の素晴らしさを相手に理解してもらうことが、最大の目標になってしまうのです。

一方、説明上手な人は、具体的な行動や決定を求めます。

明確な次のステップを提示することで、相手に具体的な判断や行動を促します。

これによって、単なる理解から実際の成果へとつながりやすくなるのです。

説明下手な人の「ご理解いただけたでしょうか？」という問いかけに対して、相手は単に「はい、わかりました」と答えるかもしれません。

しかし、これでは実際にシステムが使われるかどうかは不明です。

一方、説明上手な人の「導入研修に参加できますか？」という問いかけは、具体的な行動を求めています。

これにより、相手は実際の行動について考え、決断を下すことになります。

さらに、相手が行動を取らない場合でも、その理由を直接聞くことができるのです。

「初日の朝は難しいので、別の時間に設定できませんか？」といった具体的なフィードバックを得られる可能性が高くなります。

これで、より建設的な対話につながります。

結果として、具体的な成果を、より短時間で、そしてストレスの少ない形で、生み出すことができます。

「理解してもらえたか」を確認するのではなく、具体的にどんな行動を取ってほしいのかを明確に伝えるようにしましょう。

これまでとは違う反応が得られたり、より効果的なコミュニケーションにつながるはずです。

18 説明上手な人は、内容と行動をセットにして相手に伝える

19 上手に説明できる人は中心にこだわる、できない人は例外にこだわる。

友人や同僚と旅行の計画を立てるとき、こんな会話を耳にしたことはありませんか？

「沖縄旅行、行ってみたいのよね。でも、いつ行くのがいいかな。夏は暑いし、冬は寒いかもしれないし。台風シーズンはちょっと怖いかも。あと、混雑する時期は避けたいよね。ビーチは行きたいけど、日焼けが心配だし、クラゲにも気をつけないと……」

こんな話し方を聞いていると、中には「本当に行きたいの？」と感じてしまう人もいるかもしれません。

もちろん旅行に行きたい気持ちはあるものの、あれこれと心配事が出てきてしまい、結局決断できずにいる……そんな経験、一度はあるのではないでしょうか。

ただ、頭の中でそんな考えを巡らせることはあるとしても、直接それを口に出してしまうと、聞いている人は面倒な気持ちになってしまいます。

確かに旅行に行くには様々な考慮する点があるかもしれません。しかし、それらを列挙するだけでは、かえって具体的な計画に結びつきにくくなってしまいます。

では、「説明上手」な人はどのように話すのでしょうか。

「沖縄旅行を、調べたところおそらくベストシーズンの**5月に3泊4日で**計画するのはどうかな。**真っ白なビーチ**でのんびりして、現地の料理を楽しむの。沖縄そばとか、ラフテーとか。**行かないと食べられない味がきっとある**よね。どうかな、**具体的に気になることは何かある？**」

この説明の仕方には、いくつか大切なポイントがあります。

まず具体的な時期と期間を示していること。

主な目的を明確にしていること。

そして相手の関心や懸念を引き出す質問で締めくくっていることです。


説明上手な人は、まず旅行の**中心的な魅力や目的**を伝えます。

これにより、相手は旅行のイメージを具体的に思い描くことができます。この設定では、何といっても、旅行に、沖縄に、行きたいのです。そして相手を誘っている訳ですから、相手も同じように沖縄に行きたいと思ってもらうことが、何よりまず重要なのです。


そして、**相手の懸念を引き出す質問**をする。それによって、中身が濃く効率の良い対話ができます。

たとえば、相手が「日焼けが心配」と言えば、日焼け対策グッズの準備や日陰のあるビーチの提案ができます。「混雑が気になる」と言えば、比較的空いている観光スポットや時間帯、あるいは期間を考えることができるでしょう。

大切なのは、**相手の関心や懸念に応じて、必要な情報を適切に提供する**ことです。すべての可能性や例外を一度に列挙するのではなく、相手のニーズに合わせて情報を出していくのです。

ビジネスの場面でも同じことが言えます。

新製品のプレゼンで、考えられるすべての欠点や条件を列挙するのではなく、製品の主な特徴と利点を明確に伝え、そのうえで「具体的に気になる点はありますか？」と質問することで、より効果的なコミュニケーションが可能になります。

あなたが要点だと思うポイントすべてが、相手にとって重要な情報であるかどうかはわかりません。**できるだけ早く、相手の気にするポイント、相手にとっての要点にたどりつく流れを意識する**ことです。

19 説明上手な人はまず中心的なメッセージを伝え、その後相手の懸念や関心ごとに焦点を当てた説明をする

20 上手に説明できる人は相手のメモを見る、できない人は自分のメモを見る。

大事なプレゼンの前には、入念な準備をする必要があります。

相手が何に関心があるのかが事前にわからないとき、すぐさま答えられるように、たくさんの情報をメモ書きして臨むことも多いかと思います。

しかし、**事前にメモをたくさん書いて準備しているからこそ、注意が必要**な場合があります。

例を見てみましょう。

「（メモを見ながら）この新製品の特徴は、軽量化、バッテリー寿命の延長、防水機能の追加です。具体的な数値は……」

ここで注意したい点は2つあります。

まず、自分が時間をかけて準備した情報だからこそ、**情報をもれなく伝えようという心理が働いてしまう**ことです。

情報量が多ければ多いほど、どうしても限られた時間内に話そうとするため、説明が一方的なものになりがちです。一気にいろいろな情報を伝えられても、聞き手からすれば理解が追いつかず、途中で聞く気がなくなるでしょう。

次に、どうしても**常にメモを見ながら、説明してしまいます**。

メモばかり見ていたら、相手が説明を聞いてどんな反応をして何に関心があるのか、わかりません。相手の関心ごとに触れなければ、関心を持って前向きに聞いてくれることもないでしょう。

一方、説明上手な人は、先ほどの例ではこう伝えます。

「この新製品の主な特徴をお伝えしました。**皆さんのメモを拝見すると、**バッテリー寿命に特に関心があるようですね。**この点についてもう少し詳しくお話ししましょうか？**」

説明上手な人は、まず**自分のメモを見るよりも、相手の反応を見ることを大事にします。**


何について説明しているときに、うなずいていたのか？

何についてメモをとっていたのか？

ちょっとした相手の表情や行動に何に関心ごとがあるかが表れるので、自分のメモよりも相手の様子を見るほうが重要だと思っているのです。


もう一つ、例をあげましょう。

「(メモを見ながら)……ということで、健康的な生活のために、毎日30分の運動、8時間の睡眠、バランスの取れた食事が重要です。具体的には……」

「健康的な生活習慣の基本をお伝えしました。あなたの反応を見ると、運動の部分に特に興味があるようですね。日常生活でどのように運動を取り入れるか、具体的なアイデアをご提案しましょうか？」

もうおわかりかと思いますが、後者が説明上手な人の例です。後者は、聞き手が運動に興味があるということに気づいているのに対し、前者はそれに気づいていません。その結果、聞き手は前者の話を積極的に聞いてくれなくなる可能性があります。

説明上手な人は、メモを見て正確に伝えることよりも、相手の理解や興味に対して意識を向けることを大事にしています。そしてそれが結果的により効果的なコミュニケーションにつながり、具体的な変化や行動を促しやすくなるのを知っているのです。

20 説明上手な人は、自分のメモよりも相手の反応をしっかりと観察する

21 上手に説明できる人は戻ったときに話しかける、できない人は出がけに話しかける。

用事があって急いでいるときに呼び止められ、

「ちょっとお伝えしたいことがあって……」

と声をかけられたこと、ありませんか?

「ちょっとそれどころじゃないんだよな。こちらの状況を察してほしい」と思い、相手に対して、もう少し気を利かせられないのかな、とがっかりしたかもしれません。


実は、相手に話しかけるタイミングは、説明上手と説明下手の差がはっきりわかる重要なポイントの1つなのです。

説明下手な人は、相手の状況を考慮せずに話しかけるのに対し、説明上手な人は**相手の心理的・時間的余裕を考慮して最適なタイミングを選びます**。

ただ、いつ話しかけるべきか、まだよくわからないという人もいるでしょう。事例を紹介しつつ、タイミングについて考えてみましょう。

「（上司が会議に向かう途中）部長、大切な報告があるのですが、今よろしいでしょうか？」

「（上司が会議から戻った直後）部長、お疲れ様です。5分ほどお時間いただけますか？重要な報告があります。」

さて、タイミングがいいのはどちらか、わかりますよね？

前者が説明下手な人の例で、後者が説明上手な人の例です。

前者のタイミングでは、部長は、直前に迫った会議のことを考えながら、移動していきます。人の話を聞いてあげられる余裕などないでしょう。場合によっては、「時間がないんだ」と一喝され、上司に話しかけることに怖さを感じることになるかもしれません。

一方、会議が終わった後なら、どうでしょうか。

その後、急がなければいけない用件がない限り、大切な話を聞く機会を作ってくれるでしょう。

一般的には、会議が始まる前よりも終わった後、出かける前よりも戻ってきた後、退社する直前よりもその次の日の朝のほうがタイミングがいいかと思います。

ただし、その後急ぎの用件がある場合もある可能性もありますので、「少し時間がありますか?」と確認するといいでしょう。

そして「いいですよ」と許可をもらってから、大事な話をします。

そうすれば、相手もじっくりと余裕を持って話を聞いてくれますし、より良いアドバイスをもらうこともできるでしょう。

説明上手な人は、相手が話を聞ける可能性の高い瞬間を狙うことで、話を受け入れやすく、より効果的なコミュニケーションが実現しやすくなることを知っています。

また、相手にとってもその話に集中し、理解しようという態度になりやすく、説明も聞きやすく、建設的な対話や決定につながりやすくなりますし、互いのストレスを軽減し、良好な関係性を維持することにもなるでしょう。

同じ内容でも、どのタイミングで言うかによって、結果は大きく変わります。

説明するタイミングをしっかりと見極めましょう。

21 説明上手な人は、より効率的に話を進めるためにタイミングにもこだわる

第4章 まとめ

□率直に伝えることがお互いのメリットです。

□相手と一緒にゴールをめざす意識を持ち、何を共有するのが最も大切かを考えて話します。

□自分一人では目的達成ができないから説明によって相手の力を借りて、結果を出そうと考えるのです。

□それには相手の話しやすいタイミングや興味をしっかりつかむことが大切です。

第5章

「で、何が言いたいの？」と言われませんか編

この章での
POINT

上手に説明できる人は、相手が求めている情報を優先する。

この章では、説明上手になるために欠かせない「要点を明確に伝える」スキルの重要性を学びます。話の核心が見えづらい説明は聞き手を混乱させ、コミュニケーションの質を低下させてしまいます。明確な要点を持った説明が、効果的な情報伝達の鍵となります。

この章で最も大事な考え方は、

「相手が求めている情報を優先する」

ということです。

よくある説明下手と第5章で目指す説明上手の例を見てみましょう。

山形県を訪れたアメリカ人観光客のジョンさんが、観光案内所で働く佐藤さんに尋ねる場面を想像してください。

「すみません、山形の名物料理は何ですか？」とジョンさんに尋ねられた佐藤さんは、熱心にこう話し始めます。

「はい、山形の名物と言えば『芋煮』ですね。芋煮の歴史は古く、江戸時代から続く伝統料理なんです。最初は武士たちが野外で楽しんだ料理だったんですが、明治時代になると一般庶民にも広まりました。山形県内でも、芋煮には地域によって様々な特徴があります。たとえば、村山地方では牛肉と醤油味、置賜地方では豚肉と味噌味が主流です。使う芋も里芋やじゃがいもなど、地域によって異なります。具体的な材料をあげると、里芋、こんにゃく、ねぎ、きのこ類……（しばらく続く）……そして、芋煮は単なる料理ではなく、秋の風物詩として山形の人々の絆を深める大切な文化なんです。」

ジョンさんは興味深そうに聞いていますが、内心では「美味しそうだけど、早く食べてみたいな。どこで食べられるんだろう？」と思いながら、話の切れ目を見計らっています。しかし、佐藤さんの熱心な説明は止まる気配がありません。

ジョンさんは我慢できずに、「すみません、その芋煮はどこで食べられますか？」と尋ねます。

佐藤さんは、あっ、またやってしまったという表情を見せ、少し考えてから話しました。

「申し訳ありません。芋煮はですね、ここから一番近いのは、駅前の『山形亭』で美味しい芋煮が食べられます。値段は一人前で８００円程度です。今の季節（秋）が一番美味しい時期ですよ。すぐ近くですから、お店までご案内しましょうか？」

ジョンさんは嬉しそうに頷いて、「はい、ぜひお願いします。すぐに食べに行きたいです！」と前向きな反応を示します。


佐藤さんは、山形の名物や歴史などにとにかく詳しいのです。そして、その魅力を余すことなく伝えたいという熱意があります。

それが逆に、多すぎる量の情報を伝えるような説明をしてしまっていました。

佐藤さん自身が、芋煮を大好きで、仕事がてら歴史的背景や文化的価値まで学んでいくことによって、その魅力をたくさんの人に伝えたいと思うようになりました。また、詳細な情報を提供することで、より充実したガイドができると思い込んでいたのです。

しかし、多くの人は、そこまで詳細な説明は必要としていません。聞き手が途中で苦笑していたり、話を次に進めたいというサインに気づかずに話し続けていると、効果的な案内ができなくなってしまいます。

本章では、「要点を明確に伝える」説明上手になるために、いくつかのステップを設定して学んでいきます。

まず、**相手が求めている情報は何かを事前に把握**すること。
次に、その情報を中心に**説明の構成を組み立てる**こと。
そして、具体的な特徴や実用的な情報を**簡潔に伝える**ことです。

これを意識することで、聞き手の理解度と満足度が高まり、スムーズな行動につながります。ありがちな長い話から、どのように核心を捉えた明確な説明に変えていけば良いのかを順番に見ていきます。

22 上手に説明できる人は「初めて言うけど」と言う、できない人は「前も言ったけど」と言う。

日常生活やビジネスの場面で、こんな言葉を耳にしたことはありませんか？

×

「いつも言っているように、家事をもっと手伝ってほしいんだけど。」

「毎年言っていますが、我が部門の予算は不足しています。増額を検討してください。」


これらの言葉を聞くと、なんとなく気が重くなったり、イラッとしたりしませんか？

実は、これらは「説明下手」な人の典型的な言い方なのです。

説明下手な人は、同じ内容を繰り返し伝えようとします。しかも、それを相手に同じ表現でリマインドする形です。「前も言ったけど」「いつも言っているように」といった表現には、「何度も同じことを言わせるな」というようないらだちや、ネガティブな感情があられています。

聞かされる側にとって、これはあまり気持ちの良いものではありません。結果として、聞き手側から良い反応は得られにくくなってしまいます。

「いつも言っているように」や「毎年言っていますが」を付けないだけでも印象は変わります。付けないだけで反応が得られる可能性もあります。相手は単純に忘れているだけ、あるいは気が付かない場合もあるので、試してみる価値はあります。

言われる方としても、抵抗感も少なく、行動に移しやすいでしょう。

さて、さらに「説明上手」な人は、少し違う言い方を選びます。どのように話すのでしょうか。

◯

「今週から**新しい**家事分担表を作ってみたんだ。お互いの得意分野を活かせると思うんだけど、**どうかな?**」

○

「来年度の事業計画に基づいて、**新たな予算案**を作成しました。この予算で**達成できる具体的な目標と、その根拠をご説明します。**」

説明上手な人は、常に相手にとって新しい情報や視点を提供しようとします。

「初めて言うけど」という直接的な表現は使わないとしても、内容自体が新鮮で興味を引くものになっています。

この説明の仕方には、いくつかの重要なポイントがあります。

①新しいアプローチや解決策を提示している

②具体的な行動や提案を含んでいる

③相手の興味を引き出す質問や呼びかけで締めくくっている

説明上手な人は、聞き手にとってのニュースを意識した伝え方をすることで、聞き手の興味を引き、前向きな反応を促します。新しい情報や視点を提供することで、聞き手は真剣に耳を傾け、提案や意見を真摯に受け止める可能性が高まります。

たとえば、家事分担の例では、単に「手伝って」と言うのではなく、具体的な解決策（分担表）を提示しています。予算の例では、ただ増額を求めるのではなく、具体的な目標と根拠を示す準備があることを伝えています。

発想としては、**「あの手がダメならこの手を試そう」**です。

このような工夫がコミュニケーションの効果を高め、建設的な対話や行動の変化につながりやすくなります。

ビジネスの場面でも同じことが言えます。毎年同じことを繰り返すのではなく、新しいアプローチや視点を提示することで、相手の興味を引き、より前向きな反応を得られる可能性が高まります。

22 説明上手な人は、常に新鮮な情報や視点を提供し、相手の反応を引き出す

23 上手に説明できる人は相手の言葉でたとえる、できない人は自分の趣味でたとえる。

ビジネスの場や日常会話で、相手の反応がいまひとつだった経験はありませんか？
もしかしたら、あなたのたとえ方を少し工夫するだけで、大きな変化が生まれるかもしれません。

たとえば、スポーツ好きの顧客にこう説明したとしましょう。

「リスク管理は、チェス盤の駒を守るようなものです。重要な駒を適切に配置し、守ることが大切です。」

これを聞いた顧客は、うなずいてくれるでしょうか。それとも少し困惑した表情を浮かかべるでしょうか。

おそらく、「そういうことか！」と大きな反応を得ることは少ないでしょう。

それは、この表現があくまで説明する側の興味や知識に基づいているからです。

相手がチェスに興味がなければ、その前にイメージできるだけの知識がなければ、このたとえは効果的ではありません。

では、説明上手な人の例を見てみましょう。

○

「リスク管理は、**サッカーのディフェンスラインのようなもの**です。**チーム**の資産を守りつつ、**攻撃**（ビジネスチャンス）のチャンスも逃さないバランスが重要です。」

このたとえなら、スポーツ好きの顧客にとっては親しみやすく、イメージしやすいものです。

説明上手な人には共通点があります。

それは、日頃から**相手に意識を向けている**ということです。

どの人が普段どんな話し方をしているのか。

どんなことに興味を持っているのか。

そういった情報を常に集め、活用しているのです。

相手にとって**なじみのある例を使うことで、複雑な概念も理解しやすくなり、自然と相手の注意を引きつけやすくなります。**

また、**「共通の言語」で話すことで、誤解を防ぎ、意思疎通がスムーズに**なります。


では、どうすれば相手の言葉でたとえられるようになるのでしょうか。

まず日々の会話の中で、相手の興味や使う言葉に注目し、新しい分野の情報に触れたときに少し調べて基本的な知識を持つことです。


とりわけ効果的なのは、**相手の喜怒哀楽の感情が表れる瞬間**をよく観察することです。

感情の変化が表情に出るきっかけになるようなテーマを見つけ、その内容をしっかり理解した上で、たとえとして使ってみましょう。

喜怒哀楽は、人の個性が最もよく表れる場面です。それがその人らしさやキャラを形作っているとさえ言えるのです。

ドラマを多く手掛けてきたベテラン脚本家から学んだこの視点は、私自身も取り入れ、その効果を実感しています。

どれだけ相手の心が動くスイッチを知っているか、それが反応を変える大きなポイントです。

ぜひ、相手の喜怒哀楽に注目してみてください。きっと、これまでとは違った反応が得られるはずです。

23 説明上手な人は、相手の言葉を使ってたとえることで、理解と共感を深める

24 上手に説明できる人は相手の問いを気にする、できない人は相手の反応を気にする。

プレゼンテーションの途中、聞き手の反応が薄いと感じたことはありませんか？　そんなとき、あなたはどう対応しますか？

多くの人は、相手の表情や態度に過敏になり、自信を失ってしまいます。そんなとき、たとえばこんなふうに口にしてしまうのです。

×

「この新製品のアイデア、あまり良くないですか？　もっと別の方向性で考え直した方がいいでしょうか？」

実はここでこのように聞いてしまうこと自体が大失敗です。相手の反応が薄くても、実際には真剣に聞いている可能性があります。また、自信のなさが伝わることで、アイデアの価値を下げてしまう恐れもあります。

さらに、本来伝えたかった重要なポイントを逃してしまうかもしれません。

ぜひ覚えておいてください。**人の「反応」は当てにならないものです。**

私自身の体験談を紹介しましょう。

講義中、ふんぞりかえった態度の受講者がいました。まずは気になりつつも、そのまま講義を続けました。

しかし驚いたことに、講義後その人が近づいてきて「素晴らしい講義でした」と褒めてくれたのです。

では、説明上手な人はどうするのでしょうか？

「この新製品について、**特にどの部分に関心がありますか？** コスト面、機能面、それとも市場性について**もっと詳しく説明しましょうか？**」

説明上手な人たちは、**相手の反応ではなく、関心や疑問に焦点を当てます。**これにより、相手の興味を引き出し、議論を具体的かつ建設的な方向に導きます。そして何より、自信を持って説明を続けられるのです。

では、どうすれば相手の反応に振り回されずに説明できるようになるでしょうか？まず、自分の感情や思考に気付き、自分自身を客観的に観察することで、冷静さを保つことが重要です。

どうもあまりにも反応を気にし過ぎていると思えば、**「3秒ルール」**を実践します。相手の反応を3秒以上見ないようにするのです。

次に、先の例のような**「質問型説明」**を心がけます。説明の合間に相手の関心を問うことで、一方的な説明を避けられます。

と同時に大切なことは、**興味を示す反応も見落とさない**ことです。

多くの人は興味があれば、小さくとも何らかの反応をしています。頷いたり、メモを取ったり、顔を上げたり。どの部分で、そのような反応が表れるのかを意識して見ていくと、その人が意識を向けているところが見えてくるようになります。

そして、目が合ったときに、一呼吸おいて、「ですよね？」と投げかけをして、確認してみる。そうすると、お互いの意識が一致していれば、相手は笑顔になったり、大きく頷いたりしてくれるはずです。

相手が聞きたい情報を提供できているかどうか。

それを確認しながら進められるのが、説明上手の秘訣です。

次回のプレゼンテーションでは、相手の表情ではなく、その問いに耳を傾けてみてください。きっと、これまでとは違った反応が得られるはずです。

24 説明上手な人は、相手の反応よりも関心ごとに目を向けている

25 上手に説明できる人は失敗体験を話し、できない人は成功体験を話す。

「俺が若い頃は〜」から始まる上司の自慢話、聞いていて嫌になった経験はありませんか？

実は、自慢のつもりがなくても、相手にそう受け取られることがあるのです。

たとえば、こんな説明はどうでしょう。

「私が今から提案する営業手法で、前の会社の売上を3倍に増やしました。同じ方法をここでも使えば、必ず結果が出ると思います。」

話し手としては本当にそう信じているのかもしれません。しかし聞き手は「自慢したいだけ」と感じるかもしれません。

〇

対照的に、説明上手な人はこう語ります。

「以前、顧客のニーズを誤解して大きな商談を逃したことがあります。しばらく落ち込みましたよ。**その経験から、**顧客との綿密なコミュニケーションの重要性を学びました。この教訓を新しい営業手法として反映させています。それで少しやり方を変えただけで、売上が上がったんです。なんと3倍に。」

最終的に提案したい方向は同じですが、聞いた人の印象は大きく違うはずです。違いは、**失敗体験から語っている、**ということです。

ではなぜ、失敗体験から始めるのが効果的なのでしょうか?

それは、誰もが失敗を経験しているからです。これが**共感のきっかけ**になります。失敗話は「人間らしさ」を感じさせ、親近感を生みます。

また、失敗から学んだことを示すことで、**成長への意欲**が伝わります。何より、その落胆した状態から、すでに今は復活しているところに「続き」のあるストーリーを期待させます。
自身の弱点を認めることは、誠実さと自己認識の高さを示すことにもなります。さらに、成功談より失敗談の方が、具体的で印象に残りやすいのです。

失敗体験を効果的に語るには、いくつかのコツがあります。まず、抽象的な話より**具体的なエピソード**にする。その方が印象に残ります。そして、単なる失敗談で終わらせず、そこから**得た教訓を明確に**する。自虐的にならず、成長のきっかけとして**前向きに語ります。**このときに、聞き手の状況と関連づけて話すと、より効果的です。

失敗体験と言われても、なかなか思いつかないという方は、毎日の小さな失敗や改善点を記録する習慣をつけてください。周囲の意見を積極的に聞き、自身の盲点を発見することも有効です。定期的に過去の経験を振り返り、新たな視点で分析してみるのもいいでしょう。

では、どんな場面で失敗体験を語るのが良いでしょうか。

たとえば、新しいプロジェクトの開始時にチームの結束を高めるために使えます。似たような問題に直面したとき、過去の失敗から得た解決策を共有するのも効果的です。困難に直面しているチームメンバーを励ます際にも、自身の失敗体験が力になるでしょう。新しいアイデアや方法を提案する際、その背景となる失敗体験を語ることで、提案の説得力が増します。

失敗体験を語るのは勇気がいるかもしれません。

しかし、それは聞き手との信頼関係を築き、より深い理解と共感を得る強力なツールとなります。次回のプレゼンや会議で、あなたの貴重な失敗体験を活かしてみてはいかがでしょうか？

25 説明上手な人は、失敗体験を活用して、相手から共感を得ている

26 上手に説明できる人は何を聞かれたかを気にする、できない人は何を話したかを気にする。

プレゼンテーションや会議で、こんな経験はありませんか？　あなたは一生懸命説明したのに、聞き手の反応がいまひとつ。そんなとき、あなたはどうしますか？

多くの人は、こんな風に締めくくるかもしれません。

「このプロジェクトの概要、目標、スケジュール、予算について説明しました。他に何か質問はありますか？」

一見、丁寧に説明を終えているように見えます。

しかし、これは説明下手な人の典型的な失敗例です。なぜでしょうか？

説明下手な人は、自分が伝えようと思っている内容に固執します。相手の反応を考慮せず、一方的に情報を提供してしまうのです。

彼らは「何を話したか」ばかりに気を取られ、**「何を聞かれたか」「何に関心が持たれたか」を見逃してしまいます**。

さらに重要なのは、準備した情報をすべて詰め込んで話すことは、そもそも不可能であり、むしろ逆効果だということです。

仮にすべての情報を伝えようとすると、相手は話を聞くのに疲れてしまい、自分たちにとって重要な情報さえ集中力が持続せず、聞き逃してしまう懸念があります。結果として、説明の効果は大きく低下してしまうのです。

一方、説明上手な人はこう締めくくります。

○

「プロジェクトの概要を説明しましたが、**ひょっとすると、**特に予算面での**懸念があるようですが、どうでしょう。**予算の内訳についてもう少し詳しく説明しましょうか？」

この違い、おわかりでしょうか？

説明上手な人は、相手の反応や質問を注意深く観察しています。話をしながらも、聞き手が特に関心を示した部分や、疑問を感じているポイントを見逃さないのです。そして、それに基づいて追加の説明や詳細な情報を提供しようとするのです。

先の項目で述べたように、うなずきや表情の変化、メモを取る動作などから、関心のあるポイントを読み取ります。

また途中で、適度に質問を投げかけることです。

「この点についてもう少し詳しく話しましょうか？」といった具合です。

相手の表情が、態度が、何を聞いているのかをしっかり感じ取るのです。

また、説明上手な人たちは、同じ内容の説明であっても、状況や相手に合わせて表現や伝え方を変えていきます。相手のニーズや関心に合わせて調整することで、より効果的なコミュニケーションに調整をしていきます。

準備した説明の順序や内容にこだわらず、相手の関心に合わせて臨機応変に対応する姿勢が大切です。

そして最後に、**フィードバックを求める**ことです。説明の後に「特にどの部分に関心がありましたか？」と聞くことで、次回の説明をより効果的にすることができます。

「話は結論から」とよく言いますね。「私が言いたい結論」から始めるのではありません。**「相手が聞きたい結論」から始めることが効果的**だという意味です。

ぜひ、相手が何を聞いているのかに意識を向けて、それをしっかり伝える、ということにトライしてみてください。反応が大きく変わるはずです。

26 説明上手な人は、「相手が聞きたいこと」を優先的に伝える

第5章
まとめ

□「で、何が言いたいの？」と言われるのは、
相手の興味にあった話ができていないからです。

□同じ表現を繰り返したり、
自分の興味や話したいことを優先しているのです。

□相手が知りたいことや
相手にとってのニュースを
意識して話すようにしましょう。

第 6 章

面倒な人だと思わせない編

この章でのPOINT

上手に説明できる人は、相手の反応を観察して柔軟に対応する。

この章では、説明上手になるための重要な側面である「相手に寄り添う姿勢」について学びます。説明が上手な人は、単に情報を正確に伝えるだけでなく、相手の立場や感情を理解し、適切なコミュニケーションを取ることができます。これにより、相手に「面倒な人だ」と思わせることなく、円滑な関係を築くことができるのです。

この章で最も大事な考え方は、

「相手の反応を観察し、柔軟に対応する」

ということです。

よくある説明下手と第6章で目指す説明上手の例を見てみましょう。

大手銀行の窓口で働く杉浦さんが、初めて投資信託を検討している40代と見られる顧客に対応する場面を想像してください。

顧客：「投資信託について詳しく知りたいのですが……」

杉浦：「承知しました。投資信託とは、投資家から集めた資金をファンドマネージャーが株式や債券などに分散投資する金融商品です。まず、投資信託にはアクティブ運用型とパッシブ運用型があり、さらにそれぞれ国内型と海外型、株式型と債券型などに分類されます。リスクとリターンの関係性や、分散投資の効果、さらにはモダンポートフォリオ理論についても……（専門用語を交えながら詳細に説明し続ける）」

顧客：「待ってください。アクティブとパッシブの違いがまずよくわかりません……」

杉浦：「アクティブ運用は、ファンドマネージャーが市場平均を上回る運用成績を目指して積極的に銘柄を選別する方法で、一方パッシブ運用は……（さらに詳細な説明を続ける）」

顧客：「（困惑した様子で）すみません、少し難しくて……」

このとき、杉浦さんの隣で聞いていたベテランの安藤さんが、さりげなく会話に加わります。

安藤：「失礼します。お客様、まず投資信託についてどのようなことに興味がおありですか？」

顧客：「そうですね、老後の資金作りに役立つと聞いたのですが……」

安藤：「なるほど、長期的な資産形成がご関心なのですね。では、投資信託を貯金箱にたとえてみましょう。普通の貯金箱はお金を入れるだけですが、投資信託という貯金箱は、中のお金が少しずつ増えていく可能性がある特別な貯金箱です。ただし、時には減ってしまうこともあります。」

顧客：「なるほど、そう考えるとわかりやすいですね。」

安藤：「よかったです。では、どのくらいの期間でどれくらいの金額を考えていらっしゃいますか？　それによっておすすめの投資信託の種類が変わってきます。」

顧客：「そうですね、10年くらいで300万円くらいできればいいなと思っています。」

安藤：「わかりました。では、その目標に向けて、いくつかの選択肢をご提案させていただきますね……」

さて、杉浦さんが当初なぜ顧客を困惑させてしまったのかを考えてみましょう。

杉浦さんは、投資信託に関する専門知識を詳細に説明することで、相手は自分が求めている選択肢を見つけられると考えていました。また、一度にすべての情報を提供することで、効率的なサポートができると思い込んでいたのです。

しかし、相手はそもそも投資信託の仕組み自体の知識が十分ではなく、話の途中で新しい情報に頭が混乱してしまいました。このように相手の状況を踏まえずに一方的に説明を続けると、相手は混乱し、話をするのが「面倒な人だ」という印象を与えかねません。

多くの情報を持っているテーマで相手に寄り添った説明ができるようになるためのポイントは、大きく3つです。

①相手の現在の知識レベルや目的を確認すること

②相手のペースに合わせて段階的に情報を提供すること

③相手の反応を見ながら、必要に応じて説明方法を柔軟に変更すること

それでは順番に見ていきましょう。

27 上手に説明できる人はよく笑う、できない人はよく怒る。

かつての大ヒットドラマ「半沢直樹」には、机をバンバン叩いて、部下を威嚇していた小木曽という登場人物がいました。

近年では、フキハラ（不機嫌ハラスメント）という言葉も生まれ、怒りや不機嫌さを表に出すことの問題点が指摘されています。不機嫌によって相手をコントロールしようというのは、明らかに不健全な関係性です。

でも、よく似た人は、いますよね。

「（イヤミのように）なんでこんな簡単なミスをするんだか！」なんて言う人が。

説明上手には、逆に「よく笑う」ことを心がけている人が多くいます。

単に笑顔を作るだけでなく、**本当に楽しんで笑う**ことが大切なのです。

あるIT企業では、「笑いのある職場づくり」を自然な形で実践していました。

たとえば、オフィスの一角に「今週のダジャレ王はダレじゃコーナー」を設け、自由に投稿できるホワイトボードを置いていたそうです。強制ではなく、思いついた人が自由に書き込み、それを見た人が思わず吹き出すような雰囲気が生まれていったそうです。誰かが書いた一言を他の人が次々に発展させる大喜利のような流れもよく起きると言います。

その会社の人が言っていました。

「『ミスは成長のチャンスですよ。どんな面白いアイデアで再発防止できるか、一緒に考えましょう。』なんて言いながらやってます。」

このように、**ユーモアを交えて話すことで、相手の緊張が解け、創造的な対話が生まれ**やすくなります。

では、どうすれば自然に「よく笑う」人になれるでしょうか。

以下に具体的な方法を紹介します。

まず、**笑顔は、習慣**です。どうすれば「顔が笑うことを記憶する」かを工夫するのです。

日ごろ、笑う機会が少ないと感じる人は、YouTubeなどで「爆笑」と検索をしてみてください。お笑い動画や、ハプニング映像、人が爆笑している様子の動画が次々に出てくると思います。

ぜひ順番に眺めていってください。笑いのツボは人によって違いますが、一度スイッチが入ると、顔は非常に楽に笑えるようになります。また、人が爆笑している様子を次々に見ているだけで、つられて笑うようになります。**笑いは確実に伝染する**のです。

次に、顔の筋肉が笑うことに慣れてきたと思ったら、意識して自分から笑う練習をしてみましょう。何かきっかけを待つのではなく、まず口を大きく開けて、とにかく声を出して笑うのです。

「笑い」の効果は、ビジネスの世界だけでなく、医療や介護の現場でも注目されています。多くの老人ホームで「笑いヨガ」を取り入れているのをご存知でしょうか?

これは、「作り笑い」でも本物の笑いと同じ効果が得られるという考えに基づいており、参加者は、手をたたきながら「ホッホッハッハッハー」と声を出して笑います。最初は作り笑いでも、続けているうちに本当の笑いに変わっていくのです。

「よく笑う」ことは、周りを笑わせることではありません。自分自身が日常の中に楽しさを見出し、それを自然に表現することです。そんな明るい人の近くに人は集まり、いいムードで情報がやりとりされます。

多くの成功したビジネスパーソンと話をしてきて実感するのは、よく笑う人の多くは、単純に能天気だから笑っているのではなく、「顔が笑うことを記憶する」までに意識をして定着させた人たちです。**「笑い」は努力と工夫による習慣**なのです。

27 説明上手な人は、意識してよく笑っている

28 上手に説明できる人は用事を作って話し、できない人は用事がないと話さない。

ビジネスの世界で、こんな経験はありませんか？

契約してから1年ぶりに営業担当から電話があり、出てみると、

「山田様、契約更新の時期となりました。ご検討いただけますでしょうか？」

この一言だけで終わってしまう。

商品に不満はないけれど、1年間何の連絡もなかった営業担当に対して、どこか冷めた気持ちになってしまう。これは、説明下手な人の典型的な例です。

説明下手な人は、必要なときのみ話す機会があればいいと考えがちです。

しかし、これでは相手との関係作りを軽視していることになり、結果的に説明を受け入れてもらう難易度を高めてしまいます。

一方、説明上手な人は、**定期的に顧客と接触する機会を作ります。**たとえば、こんな具合です。

・1カ月後「山田様、ご利用でご不明点などありませんか？　近くまで伺う予定がありますので、**ご様子をお聞かせいただければと思いますが。**」←

・3カ月後「山田様、お世話になっております。最近の業界動向や他社事例など**ご紹介できればと思いますが、ご都合はいかがですか？**」←

・6カ月後「山田様、先日の業界セミナーで得た**新しい情報がございます。ご興味があればシェアさせていただきたい**のですが、いかがでしょうか？」←

・9カ月後「山田様、弊社の新サービスについて**フィードバックをいただきたいのですが、お時間をいただけますでしょうか？**」

・11カ月後「山田様、年末のご挨拶と来年度の展望について**少しお話しさせていただきたいのですが、お時間はございますか？**」

このように、定期的かつ相手にとって価値のあるコミュニケーションを取ることで、顧客との信頼関係を築いていきます。

そして、契約更新の時期が来たときには、このようなやりとりになります。

○

「山田様、いつもお世話になっております。**この1年間、**さまざまな形で情報交換をさせていただき、**大変勉強になりました。**さて、契約更新の時期となりましたが、今後のサービス向上のためにも、**ぜひご意見をお聞かせいただけませんでしょうか？**」

こちらとしても自然な気持ちの流れで更新の話をすることができるのです。

この方法には、心理学的な裏付けもあります。「**単純接触効果**」という現象で、繰り返し接触することで相手への好感度や信頼度が高まるというものです。また、「**返報性**（互恵性）**の法則**」により、価値ある情報を提供し続けることで、相手も何かを返したいと思うようになります。

説明上手な人は、こうした心理学的効果を理解あるいは実感した上で、計画的に関係構築を行っています。**日々の何気ないやりとりが、実は長期的な信頼関係構築の礎になる**ことがよくわかっているからです。

定期的にやりとりをしていると、相手の状況に変化が起きていることを知ることができます。変化は新しいニーズが生まれるきっかけでもあります。そこに立ち会うこと自体が良い関係を作るきっかけにもなっているのです。

28 説明上手な人は、継続的に用事を作ってやりとりし、相手との信頼関係を築いている

29 上手に説明できる人は完成度を高めようとする、できない人はミスを防ごうとする。

一通り説明した後、相手から否定的なことを言われたり、批判されたりするのではないかと、怖くなることはありますか？

特に、失敗したと思われたくないといった完璧主義な人や自分に自信がない人は、そのような否定的なフィードバックを恐れているように思います。

また、説明する前に、しっかりと考えて準備して臨んでいるだけに、厳しいことを言われると「自分を認めてもらえなかった」と感じる人もいるかもしれません。中には、他者の意見を受け入れることへの抵抗感を持っている人もいます。

ここで、一例をあげましょう。

チームミーティングで、社内のある問題の解決策について話し合っているとします。

「これが唯一の解決策です。これ以上の議論は不要だと思います。」

これは自分の考えに自信がある、しかし説明下手な人の例です。

相手から何か言われることをミスや失敗だと考えて、「これ以上の議論は不要」と説明を終わらせようとしています。

当人としては、十分考え尽くした思いでいっぱいなのでしょう。

しかし、**相手の意見を聞こうとしない姿勢によって、結果的に聞き手が心を閉ざしてしまい**、話の通じ方にも関係性にもマイナスにつながります。

また、いろいろな視点で見ると、まだまだ詰めが甘い点があるかもしれません。チームミーティングが終わった後、詰めるべきところが詰められていないことが発覚した場合、再度ミーティングを設定することになったら、時間がもったいないですよね。

一方、説明上手な人はこう伝えます。

○「**現時点での**解決案をお示しします。皆さんの経験や知見を活かして、**さらに良い解決策を見出せれば**と思います。ご意見、ありますか？」

説明がうまくいくときというのは、良いものであれ悪いものであれ、何らかの相手からの反応があるものだと知っているため、**途中で反対されたり批判されたりすることを怖がることはありません。**

むしろ、内容面もより完成度が高くなることにつながるので、相手からのフィードバックを積極的に求めます。

「ご意見、ありますか？」と対話を心がけて、フィードバックを引き出していくのです。

つまり、説明が上手な人とそうでない人とでは、ミスや失敗の捉え方が180度違うのです。

説明下手な人は批判をされると、「ああ、あの部分、もっと詰めておいたほうがよかった」と失敗したととらえてしまいます。「私はなんて物事の見方が甘いんだ」と思う人もいれば、「あの指摘はピントが外れている」と相手が間違っていると思う人もいるかもしれません。

いずれにしても、改善案を活かす発想がないという面で、同じタイプと言えるでしょう。

説明上手な人が、批判をもらうことでさらに内容が充実すると考えるのとは対照的です。

まずは良いアイデアは自分一人では作れないと理解する。その上で、謙虚さをもちながら相手の意見を受け入れるようにしましょう。否定的なフィードバックを受け入れるようになるには、感情のコントロールも不可欠です。

そして、**指摘されることは学びの機会である**ことを心に留めておくことです。

29 説明上手な人は、否定的なフィードバックをうまく活用する

30 上手に説明できる人は何度も少しずつ確認をする、できない人は一度でたくさんの確認をする。

ビジネスの現場で、こんな経験はありませんか？

新入社員の教育を任されて、最後にこう尋ねてしまう。

「業務フロー、システム操作、社内規則、顧客対応マニュアルについて、すべて理解できましたか？　順番に説明してみてください。」

この質問を受けた新入社員は、きっと頭が真っ白になってしまうでしょう。これは、明らかに説明下手な人の典型的な例です。

説明下手な人は、一度にたくさんの確認をしようとします。聞くべき内容を忘れまいと、まずは質問としてあげて相手に投げかけるのです。しかし、これでは相手に過度なプレッシャーをかけてしまいます。また、相手の理解度を正確に把握することも難しくなります。さらに、自分の理解度や記憶力を過信している可能性もあります。

一方、説明上手な人はこう尋ねます。

○「まず業務フローについて、**どの部分まで**理解できましたか？　不明点があれば、**一緒に確認していきましょう。**」

ぜひこの表現の違いはもちろん、発想の違いに意識を向けてもらいたいと思います。

説明上手な人は、**ひとつずつ確認**をします。

これにより、話を相手のペースに合わせられ、理解度を段階的に確認できます。必要に応じて説明を補足することも可能で、相手が質問しやすい雰囲気も作れます。

たとえば、業務フローの確認が終わったら、次にこう続けます。

「システム操作について、特に難しいと感じた部分はありますか？　実際に操作しながら確認してみましょう。」

このように、一つひとつ丁寧に確認していくことで、相手の理解度を正確に把握し、必要な支援を提供することができるのです。

そんな手間のかかる聞き方は面倒だ、と思いますか？

しかし、実際にやってみるとわかりますが、これが結果的に、時間もストレスも少なく済むことが多くなるはずです。相手に合わせて、もっと大雑把な質問でも大丈夫な相手だとわかれば、調整していけば良いだけなのです。

まずここで大切なのは、**情報を小分けにして優先順位をつけ、段階的に確認をしていく**ことです。また、相手の理解度や反応を見ながら進める柔軟性も重要です。状況に応じて確認の順序や内容を調整できるようにしましょう。

さらに、**相手の立場に立って不安や負担を軽減する姿勢**も心がけたいものです。相手が自由に答えたり、質問できる余地を作ることで、より効果的なコミュニケーションが可能になります。

また、必要に応じて**後日再確認の機会を設ける**ことも忘れずに。

○

たとえば、こんな風に伝えてみましょう。

「今日確認した内容で、**後から疑問が出てきたら、いつでも聞いてくださいね。**来週、**もう一度全体的な確認の時間を設けます**ので、それまでに気になる点をメモしておいてもらえると助かります。」

このようなアプローチをとることで、やりとりがフレンドリーな雰囲気で進められ、良好な関係性を保ちながら、効果的なコミュニケーションが可能になります。勘のいい相手なら、どんどんスピードアップできるはずです。段階を踏むことでその見極めも楽になります。

誰かに何かを確認する機会があれば、一度にたくさんの質問をするのではなく、少しずつ確認していく方法を試してみてください。

きっと、その相手のことが、より解像度高く見えてくることに気付くはずです。

30 説明上手な人は、少しずつ確認を重ねることで相手の理解度を正確に把握し、効果的なサポートを提供する

31 上手に説明できる人はきっかけを聞く、できない人は理由を聞く。

会社の離職率が高いという調査をよく目にします。その主な理由は「人間関係」だといいます。そんなことを日々見聞きしていると、やりづらさを感じるようになった人も多いかもしれません。

上司と部下のコミュニケーションもその1つでしょう。特に上司にとっては、叱り方や注意の仕方一つで、部下のモチベーションが大きく左右されることがあり、とても気を遣っているとこぼす人とよく出会います。

ここで、説明下手な人の例を見てみましょう。

×

「なぜ予算を超過したんですか？　どうして事前に報告できなかったんですか？」

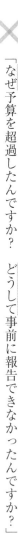

テーマが違ったとしても、このような物言いをしている場面に出くわすことはよくあるのではないでしょうか？　そして、この質問方法に大きな問題があると感じている人も実は少なくないはずです。

「なぜ」「どうして」と矢継ぎ早に聞かれると、たとえ話し手に悪意がなくても、聞き手は問い詰められているように感じてしまいます。結果として、心のシャッターを閉じ、建設的な対話が困難になってしまうのです。

一方、説明上手な人はこう尋ねます。

○

「予算管理の過程で、**特に困難を感じた点**はありましたか？　予算超過の**可能性に最初に気づいたのはいつ頃**でしたか？」

印象としても、ずいぶん答えやすいと感じるはずです。

ぜひ、この違いに注目してもらいたいのです。

説明上手な人は「きっかけ」を聞いています。

「きっかけ」を聞くことで、相手は責められていると感じにくくなります。これにより、より率直に状況を説明しやすくなります。心理的な安全性が確保されるのです。

また、「理由」を直接聞くと、相手は表面的な答えで済ませがちですが、「きっかけ」を聞くことで、問題の根本原因に迫りやすくなります。

「いつ頃」という質問は、問題の発生から現在までの経緯を明らかにします。これにより、今後の対策を立てやすくなるのです。

さらに、「困難を感じた点」を聞くことで、相手が直面した具体的な課題が明確になります。これは、より効果的な支援や解決策の提案につながります。

何より、相手の立場に立って状況を理解しようとする姿勢は、長期的な信頼関係にもプラスにはたらくでしょう。

「きっかけ」を聞くというのは、単なる質問のテクニックではありません。これは、相手を尊重し、状況を深く理解しようとする姿勢の表れなのです。

そして、それでいて、相手の頭の中にある記憶を少しずつ呼び戻す大きなコツでもあるのです。

ビジネスはもちろん、プライベートでも、同じように使えます。

「どうしてうまくできないの?」ではなく、**「どんなふうにやったの?」**と聞く。

「なぜこんなに時間がかかるの?」ではなく、**「いつ想定外のことが起きたの?」**と聞く。

これで人間関係は大きく改善される可能性があります。

「なぜ」ではなく「どのような状況で」「いつ頃から」といった「きっかけ」を聞く質問をぜひ試してみてください。きっと、相手から得られる情報が大きく変わり、問題解決に近づくはずです。

31 説明上手な人は、「きっかけ」を聞くことで、相手の心を開き、問題の本質に迫る

著者
鶴野充茂（つるの・みつしげ）
ビーンスター株式会社 代表取締役
社会構想大学院大学 客員教授
日本広報学会 常任理事
コミュニケーションの専門家として、国内外数百社の経営者や政治家、医師・弁護士など専門家向けに広報アドバイザー、トレーナーとして活動するほか、東京理科大学オープンカレッジなどで説明力や文章力を高める講座を提供するなど広くビジネスパーソンに向けてコミュニケーションを教えてきた。
東日本大震災後に国会内に設置された東京電力福島原子力発電所事故調査委員会（国会事故調）でデジタル・コミュニケーションを統括、全国がん登録制度の発足時には PR 責任者を務めるなど、全国規模のコミュニケーションプログラムや PR キャンペーンにも携わる。日経ビジネスオンラインや月刊「広報会議」などで長年コミュニケーションやリスクマネジメントに関する連載コラムを執筆。シリーズ 60 万部超のベストセラー「頭のいい説明 すぐできるコツ」（三笠書房）など著書多数。
水循環基本法フォローアップ委員会委員。公益社団法人 日本パブリックリレーションズ協会（PRSJ）元理事。筑波大学（心理学）、米コロンビア大学院（国際広報）卒。

上手に「説明できる人」と「できない人」の習慣

2024 年 10 月 17 日 初版発行
2025 年 7 月 12 日 第31刷発行

著者 鶴野充茂
発行者 石野栄一
発行 明日香出版社
〒 112-0005 東京都文京区水道 2-11-5
電話 03-5395-7650
https://www.asuka-g.co.jp
デザイン lilac 菊池 祐
編集 古川創一
印刷・製本 シナノ印刷株式会社

ISBN 978-4-7569-2350-9

本書もオススメです

「すぐやる人」と「やれない人」の習慣

塚本亮・著

1400円（＋税）
2017年発行
ISBN978-4-7569-1876-5

偏差値30台からケンブリッジへ。心理学に基づいた、行動力をあげる方法！

成功している人、仕事の生産性が高い人に共通する習慣のひとつに「行動が早い」ということがあります。彼らの特徴は気合いや強い意志ではなく「仕組み」で動いていること。つまり、最初の一歩の踏み出し方が違うのです。すぐやることが習慣になれば、平凡な毎日が見違えるほどいきいきしてきます。